JN213411

トランプ新時代の
「台湾有事」

日本は中国に勝てるか!?

井上和彦
Inoue Kazuhiko

ビジネス社

はじめに

2025年の幕開けと同時に再登板したトランプ大統領が世界を一変させた。

彼の一挙手一投足に世界が注目し、〝予測不能〟な発言に震えあがっている。世界に向けられたトランプ大統領の振る舞いは、一見乱暴に見える。しかし内実は、見事に計算された〝ディール〟であり、狙いは対中シフトを強めるための交通整理と考えるべきだろう。

劇的なスピードで変化するアメリカに対し、わが日本国はどうか。日本の未来に言い知れぬ不安を抱いているのは決して私だけではないだろう。

激動する世界情勢をよそに、同盟国アメリカの対中戦略にまるで背を向けるかのように、かつての「謝罪外交」全盛期を彷彿とさせる媚中外交にひた走っているようにしか見えない。政府のそんな揉み手の対中姿勢に苛立ちを覚える日本人は多かろう。

なるほど3月に来日した中国の王毅外相を岩屋外務大臣は満面の笑みで出迎え、おまけに、石破総理と岩屋外相、王毅外相らはがっちり握手してみせた。

このありさまを世界はどのように見ているだろうか。落胆していることは想像に難くない。否、軽蔑しているかもしれない。

ところで、アメリカの軍事・外交専門家は常々〝2027年台湾有事〟の警鐘を鳴らしている。だが実は「台湾有事」はすでに始まっているのだ。

世界各地で展開される米中間の鞘当ては、紛れもなく「台湾有事」を念頭に行われているものと考えてよかろう。また、中台対立の最前線といわれる金門島では、実際に〝静かなる侵略〟も進んでいる。これまで金門島を二度訪れ、中国が浸透する深刻な実情を目の当たりにしたが、その姿は〝有事〟の恐ろしさを雄弁に物語っている。

果たして、日本は台湾有事に対応できるだろうか。

台湾有事となれば、トランプ政権は、間違いなく日本に軍事的支援を要請してくるだろう。そのとき、「対中配慮」を楯にその要請に応えられなければ、堅固だった日米同盟に深刻な亀裂が生じるだろう。そうならないために日本は、積極的平和主義にのっとり、能動的に台湾危機に関与しなければならないのだ。

「台湾有事は日本有事」

これは故・安倍晋三元総理の指摘だ。全くその通りであり、日本は台湾有事を対岸の火事として傍観してはいられない。一衣帯水の台湾の有事は、それすなわち日本の有事なのだ。

だが中国の強大な軍事力と向き合う日本の備えは十分なのだろうか。

確かに、防衛費をGDP（国内総生産）比2パーセントに増額する方針の下、防衛力整備は進んでいる。ただ、この数値目標は、これまで非常識なほど低かった防衛費を正常化させているに過ぎないのであって、これで鉄壁の守りが完成するわけではないのだ。

その上、仮に装備が整っても、それをフルパワーで運用できるのか。法整備があまりにも不十分なのだ。

たとえば現状のまま有事となれば、台湾在留邦人の保護もできないだろう。この恐ろしい事態をしっかりと認識し、現実に則した法規の改正を行う必要があろう。また、最前線の尖閣諸島周辺海域における中国海警局の報道されざる実態と、尖閣領海警備にあたっている海上保安庁の限界をよく理解し、適切な海上保安庁の補完補強をしなければ、いつか魚釣島の奈良原岳の頂上に五星紅旗がはためくことになろう。

ひょっとすると中国は、覚悟を決めてしっかりと身構えている台湾ではなく、憲法9条をはじめ非現実的な法規に縛られて身動きのとれない日本に、先ず矛先を向けてくるかもしれない。中国にとって目の上のたん瘤はアメリカだ。その動きを鈍らせられるなら、何でもするだろう。尖閣諸島を占領し、日米同盟に楔を打ち込む戦術は十分にあり得る。

中国は、日本の政治・外交・防衛力の弱点を十分に知り尽くしている。そこをめがけて「戦わずして勝つ」の孫子の兵法をもって対日戦に挑んできているのである。ともすれば「今日のウクライナは明日の台湾」ではなく「明日の日本」となる可能性もあろう。

このように厳しさを増す国際環境の中、日本を守る処方箋ははっきりしている。日米同盟や「QUAD（クアッド）」（日米豪印戦略対話）などの同盟国・同志国との連携強化だ。石破総理が提唱する「アジア版NATO」などという非現実的な枠組みが日本を守れるはずがない。今後、アジアにおける安全保障体制を構築していくには、旧くて新しい安全保障パートナー「英国」との連携も欠かせない。今や準同盟となった英国との関係強化は、日本の抑止力を飛躍的に向上させることになろう。

本書ではタブーを廃し、台湾有事および日本有事に備えるあらゆる選択肢を考察した。去る2月の日米首脳共同声明で「国際機関への台湾の意味ある参加への支持を表明」した。であるならば、台湾有事を回避するために、「QUAD」に台湾を組み入れるのも一考に値しよう。なんなら、台湾に米軍基地を置けばいい。そうなれば中国はたやすく台湾に手を出せなくなるだろう。一見、現実困難と思われるかもしれないが、ぜひこうした頭の体操にお付き合いいただきたい。

さらに本書では、〝兵器〟という尺度も積極的に取り入れた。これをもって台湾と中国の軍事バランスを読み解き、台湾の軍事力とその防衛政策を詳細に分析した。

「兵器がわかれば世界が見える」

これは筆者が常々訴えていることだ。混迷を極める国際社会の安全保障上の諸問題は、一般的には政治・外交・経済面から論評されることが多い。だが実は、「兵器」からアプローチすると、いとも簡単に国際政治を読み取ることができるのである。

保有する兵器の性能や用途を分析すれば、中国軍の脅威度や、尖閣周辺海域の厳しさがまるで手品の種明かしのように手に取るようにわかる。また、アメリカが台湾に供与した兵器で、アメリカの対中政策や台湾防衛に関する本気度までわかるようになるのだ。

読者の皆さまも、読了後にはこの言葉の意味するところを十二分に理解していただけるだろう。本書を通じて、「兵器」という新しい尺度を使って中国の脅威度を正確に読み取り、日本の防衛の現状を正しく知っていただければ、筆者としてこれにすぐる喜びはない。

井上和彦

日本は中国に勝てるか!?　目次

第1章 トランプ大統領再登板と台湾危機

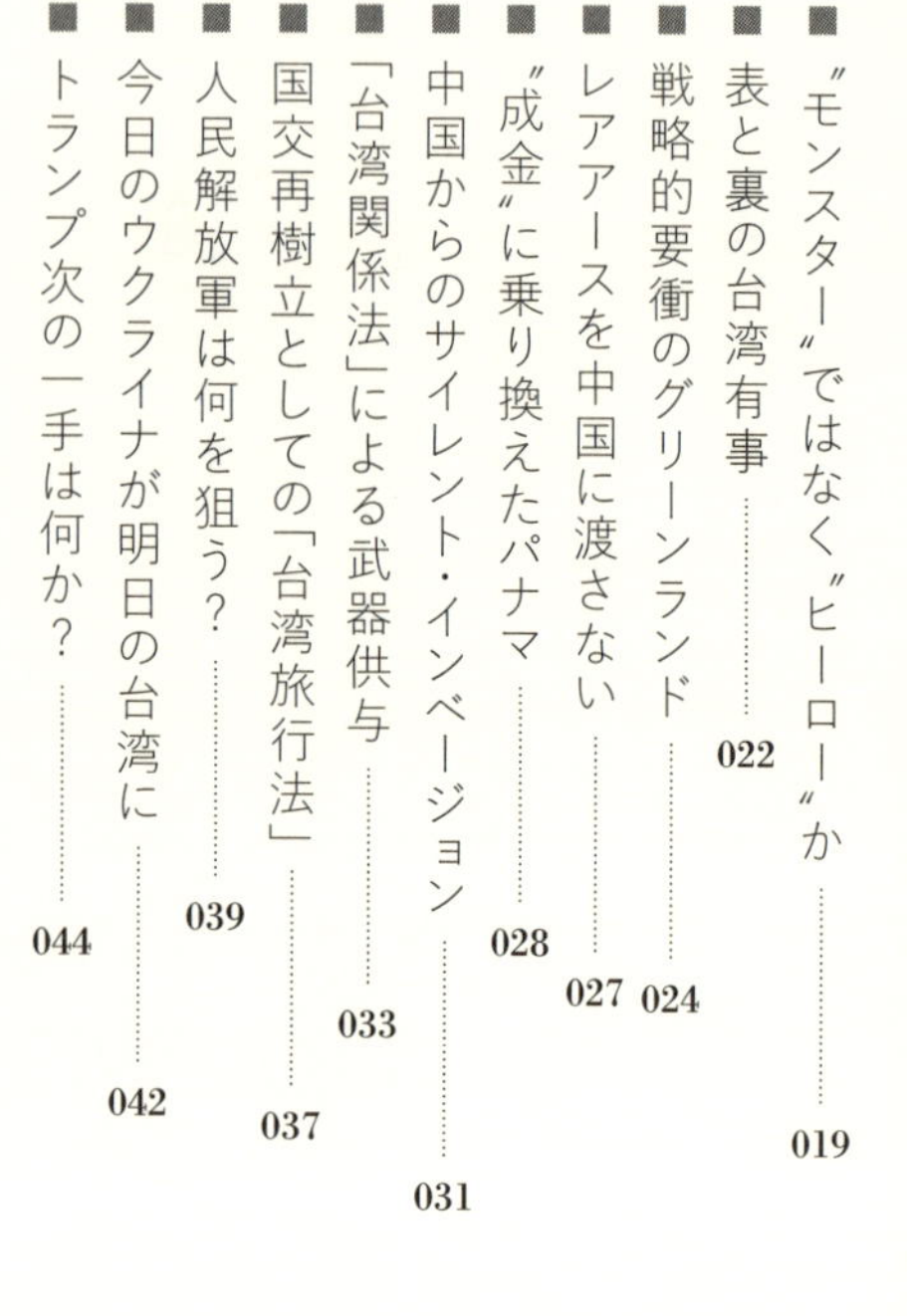

第2章

危機はすでに始まっている
〜最前線の島・金門島〜

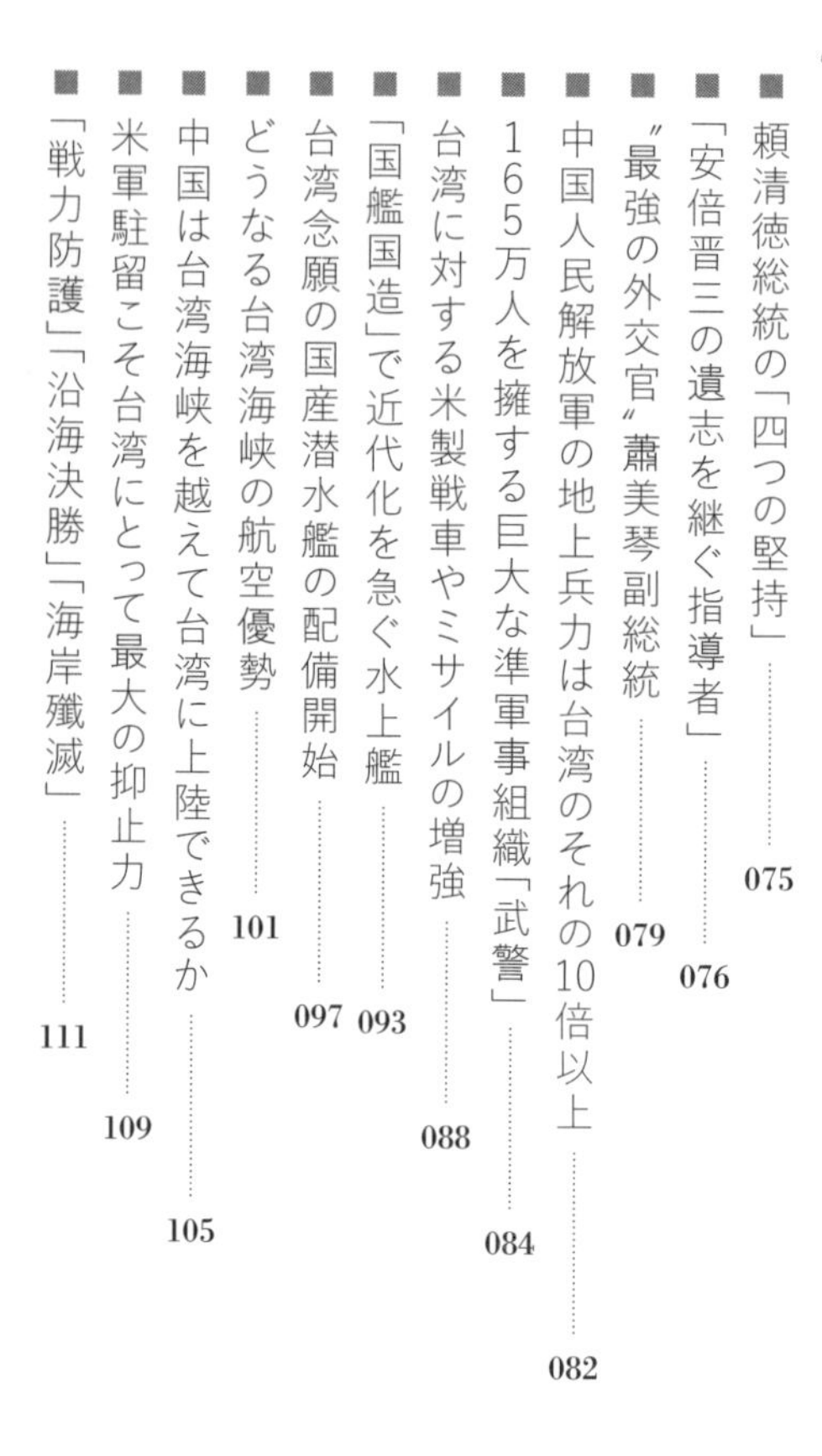

第3章

台湾は自らをどう守るのか？

第4章

尖閣を守れ!

第5章

「日本有事」にどう向き合うか

第6章 日本は何をするべきか

第7章

今なぜ「日英同盟」なのか

■「栄光ある孤立」を破らせた東洋の島国……227

第8章

中国に勝つ秘策 ―いま何に備え何をすべきか!

第1章

トランプ大統領再登板と台湾危機

■〝モンスター〟ではなく〝ヒーロー〟か

「*You're not acting at all thankful. And that's not a nice thing. I'll be honest, that's not a nice thing.All right, I think we've seen enough. What do you think?.*（あなたは全く感謝している態度ではない。これは良い事ではない。正直言って、良い事ではない。さあ、もう十分だろう？）」

２０２５年2月28日、ホワイトハウスの大統領執務室で、アメリカのドナルド・トランプ大統領はウクライナのウォロディミル・ゼレンスキー大統領にこう言い放った。居合わせた現地の報道機関が騒然となる中、首脳会談は終了した。

全世界に生中継される中で繰り広げられた「公開口論」は、間違いなく米外交史に大書される衝撃的な場面だった。

世界中を引っ掻き回す〝モンスター〟が、再登場してしまった——。

２０２５年1月20日、アメリカ・ワシントンの連邦議会議事堂で行われたドナルド・トランプ大統領の二期目の就任式を伝えるニュースの大半は、まるでこんな印象を強く感じさせるものだった。２０２４年11月の大統領選で大勝利を収めて以降、第一次政権と同様、いやそれ以上にトランプ氏は「既存秩序の破壊者」とのネガティブ・キャンペーンに晒されている。

今回の首脳会談も、トランプ氏やトランプ政権の大失態のように報じられている。だが、果たしてその見方は正しいのか。

アメリカが、あるいはトランプ氏が世界を引っ掻き回し、秩序に挑戦している――。確かにそんな〝物語〟は分かりやすい。だが、トランプ政権の狙いを俯瞰して見てみると、少し見方も変わってくる。トランプ大統領はなぜ、ゼレンスキー大統領をあそこまで追い込んだのか。あるいはなぜ、ロシアのプーチン大統領との和平交渉にかくも積極的なのか。

トランプ政権の念頭にあるのは、ウクライナでもロシアでもない。明らかに別の国を見ているのである。

習近平国家主席率いるあの専制国家、「中華人民共和国」だ。世界中で現状変革の野望を隠そうとしないあのモンスター国家だ。

なぜトランプ大統領は、政権発足間もなく中東和平を急いだのか。そしてなぜ、ウクライナ戦争を即時停戦させようとしているのか。それは、アメリカのすべてのリソースを〝対中国〟に割くためだと言ってよかろう。

もちろん、「予測不能」で鳴らすトランプ氏だ。ある日、トランプ氏が電撃的に北京に降り立ち、米中首脳会談に臨んでいるかもしれない。

未来は見通せない。徹底的に対峙するのか、はたまたディールをするのか、それはわからない。それでも中国への圧力を強めながら、アメリカにとって有利な状況を作り出そうとしている姿は、我々の眼前で繰り広げられている。

本書のテーマは「台湾危機」そして「日本危機」である。言うまでもなく、その危機をもたらす国は中国だ。

発足後のトランプ政権は、中国の封じ込めを企図して動いていることには間違いない。その意味で、トランプ政権はメディアが批判するようなモンスターや破壊者などではない。むしろ中国という異形の大国からアメリカ、そして世界を守ろうとしている〝ヒーロー〟だと評価しても差し支えない動きを見せている。

J・D・ヴァンス副大統領を筆頭に、米上院での指名承認公聴会で「最も強力で危険な敵」と中国を名指ししたマルコ・ルビオ国務長官ら、政権幹部には対中強硬派が揃っている。彼らは筋金入りだ。第一次政権のように彼ら主要閣僚が更迭でもされない限りは、阿吽の呼吸で動いていると考えてよいだろう。

そしてトランプ政権は、たとえ各国から批判されようとも、マスメディアから批判されようとも、意に介することはない。アメリカが主導する秩序の構築のために、戦略的に動いてゆくことだろう。

■表と裏の台湾有事

世界各地で中国の膨張を抑えることは、台湾海峡、そして世界平和につながる。その逆もまた然りだ。台湾の生存のためには世界中で中国の横暴を止めなければならないし、世界の平和を守ろうとすれば、台湾を守らなければならない。いわば、コインの表と裏の関係なのである。

そう考えれば、台湾をめぐる戦いは台湾海峡に限らず、すでに前哨戦的な〝侵略〟は始まっているといえよう。

実際、米中はすでに世界各地で衝突している。それゆえ、台湾について語る前に、まずは少し離れた場所から現状を分析してみたい。

とりわけ象徴的なのは正式就任前からのトランプ発言が物議を醸してたグリーンランドとパナマ運河という、いずれも台湾から遠く離れた場所での出来事だ。

北極を中心に地球儀を見れば、グリーンランドはアメリカとユーラシア大陸の中間に位置し、アメリカの安全保障上の要衝であることがわかる。

またパナマ運河は、アメリカにとって大西洋と太平洋を繋ぐ最短ルートであり、安全保障と経済両面で戦略要衝であることはいうまでもない。こんなところに中国が触手を伸ばしてきているのだからアメリカとしても黙って見ているわけにはいかない。つまり中国の両地域への進出は、アメリカの安全保障にかかわる問題なのである。

だからこそ、トランプ政権はこの二カ所に強い関心を寄せているのだ。

むろんその当事国であるデンマークやパナマ共和国からすれば、たまったものではないだろう。しかし、中国の進出を阻止する一手として評価したい。少なくとも世界の安全保障を考えればそう評価できよう。なにしろ、事の成否は、極東地域の安全保障情勢とも大きく関わってくるからだ。

第二次トランプ政権の対中政策・対台湾政策を見ていく前に、まずは中国に対し地球の裏側から打った布石とも言えるグリーンランドとパナマ運河の問題を見ていきたい。

■戦略的要衝のグリーンランド

「世界の国家安全保障と自由のため、(デンマーク自治領の)グリーンランドの所有・管理がアメリカには絶対に必要だと感じている」

トランプ氏がSNS「トゥルース・ソーシャル」上でこう投稿したのは、2024年12月22日のことだった。

年が明けて1月7日の記者会見では、トランプ氏は、パナマ運河を巡って軍事力や経済的威圧を行使するか否かを問われ、「どちらも断言できない」と答えていた。

こうした発信・発言は、外交儀礼を欠いた傍若無人な振る舞いなどと大きな批判を浴びた。だが、「なぜグリーンランドやパナマ運河なのか」と冷静に分析すれば、新たな領土を獲得して、アメリカを再び偉大にしようなどという時代遅れの帝国主義的な発想からほど遠いことはすぐに分かる。

というのも、グリーンランドやパナマ運河にはここ最近、中国の影がちらついているからだ。それどころかすでに、実体が入り込んでいるのである。

グリーンランドは、北極海と大西洋に挟まれた世界最大の島だ。地球儀で見れば分かりやすいが、北米大陸からヨーロッパ大陸に向かう最短ルート上に位置している。

この島は十八世紀後半以降、デンマーク・ノルウェー連合王国によって開拓され、最終的にはデンマークの植民地となった。

１９７９年にはデンマークの一部として自治政府が置かれ、当初は主に内政面に限られていた自治権が２００９年に大幅に拡大し、資源開発、国境管理などの権限も行使できるようになった。

かねてからアメリカは、グリーンランドを戦略的に重要な島として認識していた。19世紀にはアンドリュー・ジョンソン大統領（第17代）が買収を企図していたとされる。また、第二次世界大戦期にはナチス・ドイツによるデンマーク占領を受け、ドイツの進出を阻止するため、グリーンランドを保護下に置き、軍事基地などを建設した。

この流れで戦後、ハリー・トルーマン大統領（第33代）は、デンマーク側に1億ドルでの全島買収を提案していたのである。そして冷戦期の、ソビエト連邦による米本土への大陸間弾道弾攻撃をいち早く探知するレーダー基地は今もなお現役だ。

このような安全保障上の要衝であるグリーンランドを、デンマークが守り切れるのか、という疑問が、今回のトランプ発言の背景にあることは間違いない。

というのも、デンマーク本土の面積は約4・3万平方キロメートルで、日本で言えばほぼ九州と同じ広さだ。そして、グリーンランドは約217万平方キロメートルと、本土の50倍もの大きさだ。日本の総面積（約37万8千平方キロメートル）と比べても広大さが分かる。それでいて、デンマーク軍の陸海空軍などの総兵力は約1万5千人（ミリタリー・バランス2023）で、日本の自衛官現員数・約23万人と比べればいかに少ないかがおわかりいただけよう。

だがデンマークはNATO（北大西洋条約機構）に加盟している。そのため中国に限らず、他国から攻撃を受けた際はNATOへの攻撃とみなされる。安易に手を出せば、手痛いしっぺ返しを食らうわけだが、それにしても兵員数を見れば防備が薄すぎないか、という疑問は出てこよう。

しかも、デンマークによるグリーンランドへの軍事力配分は充分ではなかった。

そのためデンマーク政府は、トランプ発言を受け、グリーンランドを含む北極圏の軍事力強化のために軍事費増額を発表した。

ちなみに、この件を報じたBBCの記事の中では、デンマークのトロルス・ルン・ポールセン国防相が「我々は長年、北極圏に十分な投資をしてこなかった」と述べていた。

■レアアースを中国に渡さない

問題は軍事面だけではない。

経済安全保障面でも、より具体的な危機が迫っているのだ。

氷河・氷床に閉ざされたグリーンランドにはレアアース（希土類）など膨大な地下資源が眠っているとされる。そして2009年の自治権拡大以降、こうした資源採掘に対し、自治政府が関与できる度合いが高まっているのだ。これに乗じて、中国などが進出を企図しているのである。中国は、彼らにとって、地球の裏側とも言えるグリーンランドで、まさに、地球儀を俯瞰する戦略を遂行しようとしているのだ。

また、中国とともに警戒すべきロシアも島の資源に食指を伸ばしているので油断ならない。

今後の経済覇権を左右し得る製品の製造にレアアースは不可欠だ。それが〝敵側〟に渡ってしまえばどうなるか。アメリカや日本をはじめ、多くの国は戦略物資を握られ、政策的な自由度を失ってしまう。ひいては台湾防衛にも影響してこよう。

脅威に手を打たないのなら、我々に引き渡せ――。「島を米国領とする」などとするトランプ発言の真意はこういうことだろう。

■ “成金”に乗り換えたパナマ

パナマ運河問題の本質は、アメリカとパナマの領土問題ではなく、米国の対中戦略なのである。

歴史を振り返ると、運河は元々、フランスが、スエズ運河を拓いた技術者フェルディナン・ド・レセップスとともに着手したが頓挫。その後を引き取ったアメリカが完成させたものなのだ。

当時、アメリカは、コロンビアから独立したばかりのパナマ共和国と、運河周辺の永久租借権などを盛り込んだヘイ＝ビュノオ・ヴァリリャ条約（パナマ条約、１９０３年）を締結し、１９１４年に開通させた。これも地図を見れば一目瞭然だが、大西洋と太平洋が繋がったことは海運にとって、非常に大きな意味を持つ。

もちろんアメリカの軍事戦略にとって、パナマ運河の存在意義は大きい。大西洋と太平洋にそれぞれ配置した艦隊をいち早く回航させることができるからだ。

運河の通航が滞ればどうなるか。

当然、アメリカ大陸東海岸と西海岸の海運および海軍戦略に大きな影響が出ることは火を見るよりも明らかだ。実際、第二次世界大戦中、欧州戦線からの連合軍大西洋艦隊の太平洋への進出を遅らせようと、日本軍が運河爆破計画を立案したこともある。

建設にヒト・モノ・カネを投じたことへの対価という側面に加え、安全保障上からも、アメリカにとって運河の周辺地帯が自国の主権下にあることは重要だったのである。しかし、パナマ側から見れば、そうした状況に不満を抱くこともまた自然だろう。第二次世界大戦後には運河にパナマ国旗を掲げ、主権回復をアピールする暴動も頻発し、米パ両国関係は一時、断交するほどに悪化した。

運河が二大洋の短絡ルートに当たることから、中立性の確保や、有事での米艦艇の通航権などについて紆余曲折があったが、最終的にトリホス・カーター条約（新パナマ運河条約、1977年）が結ばれ、主権がパナマ側に移った。そして1999年以降、運河の管理権もアメリカの手を離れ、完全にパナマに移管されたのだった。

こうしたいきさつを経て現在はパナマ政府の一機関であるパナマ運河公社（ＡＣＰ）が担っている。

トランプ氏は運河通航料について「想像を絶する額をぼったくっている」などと不満を表明しているが、問題の本質はＡＣＰの料金設定などではなく、パナマ政府の外交姿勢にある。

というのも、２０１７年6月、パナマは「一つの中国」政策を支持し、蔡英文政権下の台湾と断交して中国と国交を樹立したのだ。

中国からすれば、蔡政権に打撃を与え、なおかつアメリカの「裏庭」である中南米諸国に食指を伸ばす絶好の橋頭保を得られる一石二鳥の策だったわけである。一方、台湾とすれば、正式な国交関係があった国々の中で、最も国際的な影響力が大きかったパナマの離脱は極めて大きな痛手だった。

このパナマの振る舞いは看過できない。

というのも、台湾とは中華民国時代から百年以上の関係があり、パナマは累計十億ドル規模の経済援助を受け、最重要友好国として遇されていたからだ。そうした関係性を捨て去り、パナマは中国を選んだのだ。その背景には、経済成長の中で海運面でも存在感を高め、パナマ運河を大量に航行している中国系船舶の存在があった。

つまりパナマは、いわばＡＣＰの儲けのため、古くからの友人を切り捨て、〝成金〟に乗り換えたというわけである。

■中国からのサイレント・インベージョン

外務省のパナマ基礎データによると、パナマへの援助額（２０２０年）では日本・米国・英国・韓国・フランスの順になっているが、援助額の多寡が外交姿勢を左右しないことは、台湾断交の件で証明されている。

逆に、パナマ運河の通航船舶数（２０２２会計年度）では、重量ベースで米国・中国・日本・チリ・韓国の順で、中国は2位につけている。また、主要貿易相手国（２０２２年）は輸出では中国・日本・韓国・インド・ドイツ、輸入では米国・中国・メキシコ・コスタリカ・コロンビアと、いずれも中国が大きな存在感を示しているのだ。

台湾を切り捨てて中国に乗り換え、さらに現在進行形で輸出入などを通じた経済関係の結びつきを通じたサイレント・インベージョンを受けていると認識せざるを得ない国。それがパナマ共和国なのである。

さらに、運河の施設に直接関わらないものの、両端の港湾はすでに香港に本社を置く中国系企業の手に運営権が渡っている。これについて、対中強硬派のルビオ氏は就任早々、中国が有事の「パナマ運河閉鎖オプション」を用意していることは「疑いの余地がない」と述べ、強い警戒感を示したのである。

これを裏付けるように、3月になってこの中国系企業が港湾運営権を米投資会社に売却したことに、中国側は強く反発した。香港の中国共産党機関紙、大公報には、中国国務院の香港・マカオ事務弁公室の名義で、売却は「中国国民全体を裏切るもの」で、国益を蔑ろにしているとの寄稿が掲載された。まさに、語るに落ちる、だ。

このような状況で、果たしてアメリカはパナマを信用できるだろうか。それは無理だろう。

大西洋と太平洋を結ぶ唯一無二の運河を要する国が、中国の強い影響下に入れば、そのダメージは計り知れない。アメリカがこの動きを放置すれば、中国の戦略的優位はさらに強まる。ひいては台湾防衛にも関わってこよう。

つまりこのパナマ運河問題も先のグリーンランド問題も、いわば「裏・台湾有事」とも言うべき中国の世界戦略への対応策なのである。

■「台湾関係法」による武器供与

こうした北極圏や中南米のケースに限らず、中国は世界規模で勢力を拡大しようとしているが、何と言っても最前線は台湾だ。

米ソ対立の冷戦時代、アメリカは台湾を「反共の最前線」と位置づけて、守ろうとしてきた。現状を理解する上で、まずはそうした米台関係を軽くおさらいしておきたい。

第二次世界大戦後の東西冷戦下で、中華民国統治下の台湾は、日本やフィリピンとともに、対共産圏包囲網の一角を形成していた。これを担保するのはアイゼンハワー政権下の1954年12月に結ばれた「米華相互防衛条約」だった。だがこの条約締結に先立つ同年9月には中華民国領の大陳群島などを中国人民解放軍が攻撃する「第一次台湾海峡危機」が勃発していたのである。

以降、海峡情勢は膠着したが、1971年のキッシンジャー訪中以降、状況は大きく変わっていった。米中の国交正常化に向けた動きは1972年のニクソン訪中にはじまり、そして1979年にアメリカは中華人民共和国と正式に国交を樹立したのである。この時のアメリカは、ソ連への対抗の必要上、敵の敵は味方とばかりに、共産中国に乗っかったのだ。

そして米中国交樹立により、米華相互防衛条約は死文化してしまった。

だがアメリカは、台湾を完全に見捨てたわけではなかった。

アメリカは、中華人民共和国との国交樹立の一方で、「台湾関係法（TRA＝Taiwan Relations Act)」という国内法を用意したのである。米中接近に慌てて、日中国交正常化を急ぎ、何の手当てもなく台湾を切り捨てた日本とは大きな違いだった。

「台湾関係法」は、「平和手段以外によって台湾の将来を決定しようとする試みは、ボイコット、封鎖を含むいかなるものであれ、西太平洋地域の平和と安全に対する脅威であり、合衆国の重大関心事と考える」（第二条B項の4、日本語訳は政策研究大学院大学・田中明彦研究室データベース「世界と日本」より）とした上で、「十分な自衛能力の維持を可能ならしめるに必要な数量の防御的な器材および役務を台湾に供与する」（第三条A項、同）などと規定している。要するに、武力による台湾侵攻を牽制し、また台湾の防衛力強化のための武器等の供与について法的根拠を与えたものである。

M1A2エイブラムス（出典：ウィキペディア・コモンズ）

台湾は中国の一部だ、という中国の「一つの中国原則」(One China principle)に異論は唱えない一方で、台湾の安全には関与する—。これが1979年以降、アメリカの対台湾政策で一貫する「一つの中国政策」(One China policy) だった。

第一次トランプ政権も基本的にこれを踏襲した。ただ当時、トランプ政権は台湾の防衛力向上のために高性能兵器を引き渡したのである。

2019年には、米陸軍と海兵隊が装備する主力戦車M1A2エイブラムスの台湾向け「M1A2T」108両の売却を決定した。旧式化していた台湾軍の主力戦車の更新が目的で、2024年以降、順次引き

F-16戦闘機（出典：ウィキペディア・コモンズ）

渡しが始まった。

さらにF―16V戦闘機の売却を承認した。

ちなみにこのF―16V戦闘機は、高性能レーダーをはじめハイテク機器が搭載されたF―16戦闘機の最新型ブロック70で、これまで台湾空軍が保有するF―16Aに比べて戦闘能力は格段に向上している。これによって台湾の防空能力は大幅に強化されたのだった。

また、台湾が独自開発した国産潜水艦「海鯤級」向けにMk48大型誘導魚雷18発も供与された。このMk48は、米海軍の原子力潜水艦に搭載されている魚雷で、いざというときには、米海軍から支援を受けることができる共通兵器なのである。

このように第一次トランプ政権時に台湾に供与が決定された兵器は、米軍が今も第一線で使っているもので、有事の際には米軍から武器支援を受けることができるようになっているのだ。

■国交再樹立としての「台湾旅行法」

こうした武器供与の前に忘れてはならないのが、第一次トランプ政権時の２０１８年に成立させた「台湾旅行法」（ＴＴＡ＝Taiwan Travel Act）だ。

「台湾旅行法」は、そのやわらかな名称から観光旅行を連想させるが、そうではない。米台間の政府間交流を可能にする法律なのである。１９７９年に成立した「台湾関係法（ＴＲＡ）」の下では制限されていた米台高官の交流を解禁し、台湾政府高官の訪米も公式に認めたわけであるから、これは実質的には〝国交の再樹立〟に等しいのだ。

こうした第一次トランプ政権が打った手は、バイデン政権にも引き継がれ、練度向上などを目的に、台湾軍が米本土に派遣された。

中国は、この一連の動きに猛反発した。

「台湾旅行法」の成立直後、中国政府系メディア『環球時報』には、人民解放軍将官による「三日間で台湾を占領可能」などと露骨な恫喝じみた言葉が踊った。また、台湾海峡での実弾演習や、台湾防空識別圏への軍用機の侵入など圧力を強めたのである。

また中国は、2022年のナンシー・ペロシ下院議長の訪台に対抗するように台湾海峡の中間線を越える実弾発射を含んだ大規模演習を行い、2023年には「台湾封鎖」の訓練も行ってみせた。

さて、そんな中での第二次トランプ政権の誕生となった。

主要閣僚に対中強硬派が揃っている限り、事実上の軍事同盟化を含んだ「台湾旅行法」の強化、そして台湾に米軍を配備することも選択肢に、対中圧力をさらに高めてゆくことだろう。

それは中国にとっては、望ましくない状況だろう。

そこで中国は、あの手この手で篭絡を図ってくるに違いない。

たとえば、比較的中国に親和的な共和党議員はそうした工作対象となろう。決して表には出てこない、国際政治の最前線でのせめぎあいは、恐らく今まさにこの瞬間も、繰り広げられているに違いない。

■人民解放軍は何を狙う？

ホワイトハウスでのゼレンスキー大統領の姿を、ウクライナ国民の次に衝撃を以て見たのは、台湾政府関係者だろう。「今日のウクライナは明日の台湾」との危機感を募らせているからだ。

確かに、現状は中国の暴発を誘発しかねない厳しい状況ではある。しかし、高性能兵器の売却などで、台湾軍の戦力は着実に向上している。

それでも、1990年代以降の中国人民解放軍の急速な軍拡にはとても追い付けないというのが実状だ。それどころか2000年代以降は、軍事バランスは中国側に大きく傾いている。もっと言えば、中台の戦力差は開くばかりで、総力戦となれば、台湾は単独の力では守り切ることはできないだろう。

しかしながら台湾は防衛力強化のために懸命な努力を続けている。

空対地ミサイル（SLAM－ER）、高機動ロケット砲システム（HIMARS）、沿岸防衛巡航ミサイル（CDCM）はいずれも2020年、米国から台湾への売却が決まった。

そして高性能無人攻撃機「ＭＱ―９Ｂ」の購入予定もある。

また、迎撃ミサイルシステムである地対空誘導弾「ペトリオットミサイルＰＡＣ―３」も多数保有している。さらにペトリオットミサイルを増強する方向で計画が立てられているといい、台湾は、自主開発した「天弓」型とあわせて抜け目のない防空システムの構築を目指しているのだ。

対する中国は、２０２１年に初の強襲揚陸艦「０７５型」を就役させるなど、水陸両用作戦も視野に入れた戦力拡張を続けている。ただ、先に上げたような台湾の防御網を前に、台湾本島への大規模着上陸作戦を行うことは、簡単なことではないだろう。

台湾海峡は狭いといっても、両岸の幅は平均で１５０キロもある。最大船速でも、数時間はかかる計算で、台湾側の対艦ミサイル戦力などが健在ならば、そう易々と渡れる距離ではない。だから実際やるとなれば強力な台湾の防御網を完全に潰してからでないと難しいだろう。

とはいえ、中国の台湾侵攻計画は着々と進められており、台湾はあらゆるシナリオを想定して防備を固めているのだ。

果たして頼清徳政権は危機を乗り越えることができるのか。

だがその危機は日本の危機でもあることを認識しておく必要があろう。台湾周辺海域の船舶の安全航行が脅かされれば、日本経済が大打撃をうけることはここで改めて行を割くまでもない。

だがそうした脅威に備えようとすれば、「日本が戦争に巻き込まれる」などというネガティブなプロパガンダが流布されるに違いない。中国からお願いされずとも、日本の左派マスコミは勝手に動き出すだろう。

日本政府は果たしてそうした洗脳された「世論」に抗えるだろうか。

安倍晋三政権ならやってくれただろうが、石破茂政権ではどうか。

日米同盟はもちろん、日米豪印戦略対話（ＱＵＡＤ＝クアッド）をはじめ現有の安全保障枠組みをどう活用していくのか、台湾有事への対応を米軍に丸投げして良いのか。今からあらゆる事を想定してしっかりと備えてゆく必要があろう。

生前、安倍氏が鳴らした「台湾有事＝日本有事」との警鐘に、防衛費増などで応えようとしつつあるものの、迅速性に欠けると言わざるを得ない。

そんな中での石破政権である。日本のあるべき対応については、第４章以降で検討するが、はっきり言って不安でしかない。

■今日のウクライナが明日の台湾に

ウクライナ戦争終結に対するトランプ氏の発言は、当初の「就任後24時間」から、「就任後6カ月」へと後退しているものの、早期に決着させたい考えは変わっていない。事実、紆余曲折あるが、トランプ氏はプーチン氏ともゼレンスキー氏とも直接会談を重ねて停戦実現への道を探っている。

対中シフトに全力を傾注するためとはいえ、ウクライナ戦争の現状を肯定すれば、中国に「力による現状変更」の成功例を示すことになる。決着のさせ方を間違えば、今日のロシアが明日の中国となり、今日のウクライナが明日の台湾になる道を拓きかねないのだ。

もっとも、何を〝成功〟と定義するかは見解の違いもあろう。

たとえば開戦劈頭の首都キーウへの攻略作戦が失敗し、足掛け4年もの間戦争が続いたことをもってロシア軍の失敗だとみる分析がある。また逆に、ロシアが経済制裁下でも中国・北朝鮮との連携を強め、新興国を中心に石油やガスを輸出し、戦費を調達できていることを成功とみる考えもあろう。

問題は、台湾を虎視眈々と狙い続ける中国がどんな教訓をウクライナ戦争から学んでいるかということだ。それでも、アメリカが対中シフトを強めるために動いていることは、中国側は間違いなく意識しているだろう。

この先のトランプ政権の対中戦略は、日本の今後を左右する。だから決して他人事では済まされないのだ。アメリカを対中抑止プレイヤーのエース選手としてコミットさせ続けるために、日本は、主体的に動く必要がある。

初の日米首脳会談が行われ、このとき対中姿勢で一致を見たのだから、これまでのような内外に誤解を招きかねない媚中外交は厳に慎むべきだ。というより媚中外交を直ちに止める必要がある。詳細は後章に譲るが、日本が媚中姿勢を続ければ、対米関係を壊しかねないからだ。

加えて、米韓関係も気がかりだ。

「非常戒厳」の発令に端を発した騒動で、尹錫悦大統領が弾劾訴追され、憲法裁判所から罷免を宣告された。

次の大統領選挙で、最大野党「共に民主党」の李在明代表が大統領に選出される可能性もある。

もしや韓国に、またもや反日反米親中の李在明政権が誕生したら、かつての文在寅政権時のようにトランプ大統領が韓国を冷遇するとこにもなろう。そしてそんな韓国がまたしても中国へ歩み寄る姿勢を取れば、極東アジアの情勢はさらに複雑になり、トランプ政権の対中戦略にも影響を与えることになろう。

■トランプ次の一手は何か？

こうした中、アメリカには軍事力以外にも強力な武器がある。〝トランプ関税〟だ。歴史を振り返ってみると、戦争に経済をフル活用するのは、米国の十八番だ。日本には痛い思い出がある。ＡＢＣＤ包囲網だ。石油をはじめ資源を握られ、日本はみるみる窮乏していった。それと同様に、トランプ大統領は、関税を武器に貿易戦争を仕掛け、揺さぶりをかけている。

国境を接するカナダ、メキシコに25％の関税をちらつかせたが、その背景には、合成麻薬フェンタニルと不法移民がそれぞれの国境から流入してくることへの強い不満と不信があった。その結果、トランプ大統領の関税の脅しによって、その直後からカナダは巨額を投じて国境警備を強化し、他方メキシコは、1万人もの兵士を国境警備に当たらせるなどその効果は即座に現れた。つまり対カナダ、メキシコへの関税は、アメリカの安全保障および治安強化のためだったのである。

日本政府はこうした手法を見習うべきであろう。

さて中国にも合成麻薬密輸の対応を求めて2月に10％の追加関税を発動した。すると中国はこれに猛反発し、世界貿易機関（ＷＴＯ）への提訴とともに、直ちにアメリカからの石油・天然ガスなどに報復関税を課した。

こうなってくると、第一次政権時と同様の、米中関税戦争に発展するだろう。国内外からの反発は避けられまい。

そしてトランプ氏は、大統領就任前から、もしや中国が台湾に軍事侵攻したら中国に150％～200％の関税をかけると牽制している。

トランプ大統領の台湾防衛への強い意志が読み取れる。

巷には「いざとなれば、トランプは台湾を守らない」などという分析もあるようだが、軍事的合理性を考えればそれはあり得ない。

なぜならもしや台湾が中国に占領されれば、アメリカはグアムとハワイという小さな島でしか中国の東進を止められなくなるからだ。

アメリカの自国の安全保障上の問題から、実質的に西太平洋の防波堤となっている台湾―沖縄―日本列島を守らねばならないのである。

それに目下アメリカは、フィリピンやベトナムなどと軍事交流を促進しており、もしや台湾が中国に取られれば、それらの努力も水泡に帰してしまうことになろう。

こうして状況証拠を積み上げていけば、トランプ政権のファイティングポーズは決してフェイクではないことが見えてくるだろう。「台湾を見捨てない」というシグナルは、十分に発信されていると考えてよい。

少なくともヴァンス副大統領を筆頭に、対中強硬派は、一線を越えるような「ディール」には反対するだろう。そもそも、台湾を材料に、習近平とディールをすれば、「商売のためなら何でもやる」となり、トランプ大統領の威信は失墜することになろう。

本書ではひとまず、現在の対中強硬派が政権の中心に居続け、トランプ氏が台湾を捨て去るような致命的なディールは行わない、という前提に立ち、台湾有事、そして日本有事について考えていきたい。

第2章

危機はすでに始まっている
～最前線の島・金門島～

■台湾有事認識に欠落している事

台湾有事はすでに現実のものになっている──。

このところ、こうした話を耳にすることが多い。だが、周囲の反応は様々だ。

「その通りだ。中国は台湾を取り囲むように軍事演習を繰り返している。いつでも侵攻可能だ」「習近平国家主席自身が、『統一という歴史的な流れを止めることはできない』と強弁している」という認識もあれば、「中国人民解放軍は、台湾海峡を越えて台湾に軍事侵攻することはできないだろう」「戦争になれば経済的損失が大きいから軍事侵攻はないだろう」などと、台湾有事を否定する見方も少なくない。

しかし、いずれも台湾有事についての認識に欠落している点がある。

どういうことか。

「台湾有事」とは、台湾本島への軍事侵攻だけではないのだ。

台湾は日本と同様、多数の島々を抱えていることをお忘れではないだろうか。

台湾政府が民国81年（1992年）に制定した「台湾地区与大陸地区人民関系条例」と

金門島と馬祖列島の位置

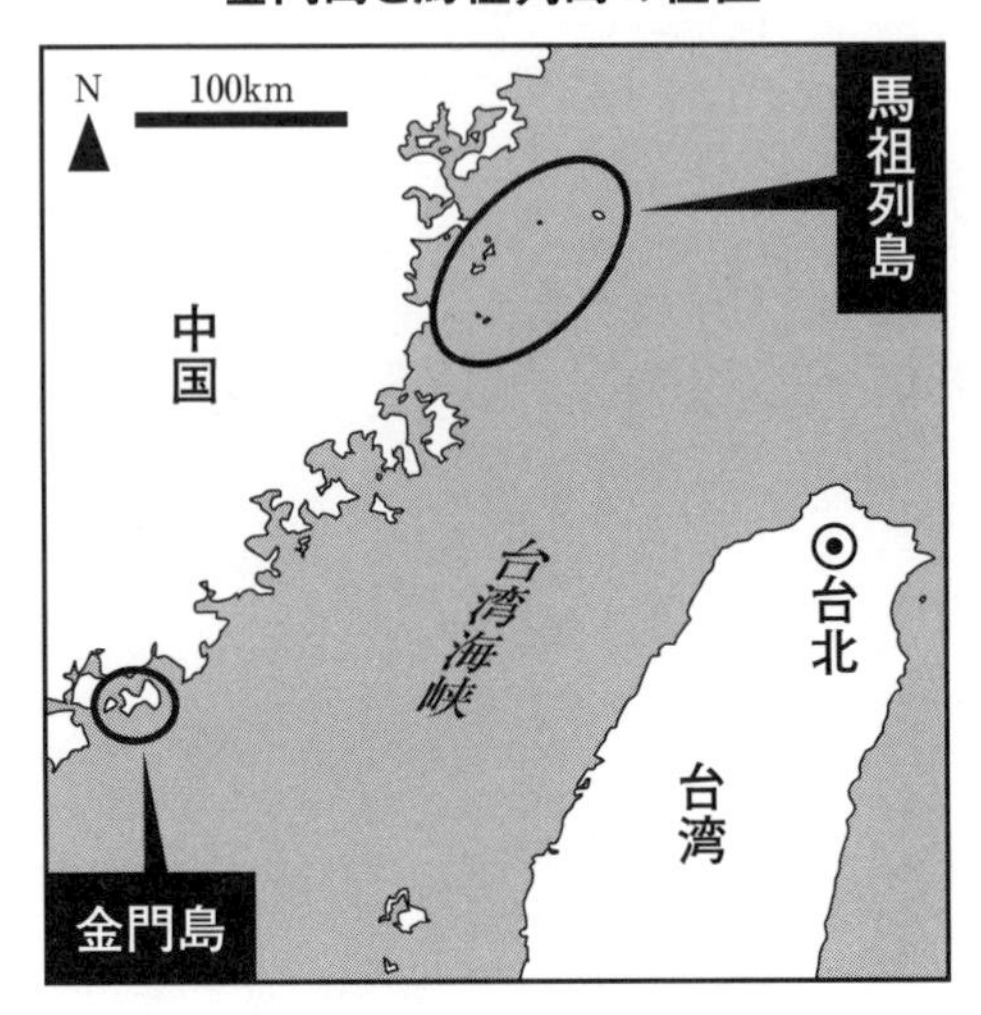

金門島と廈門市

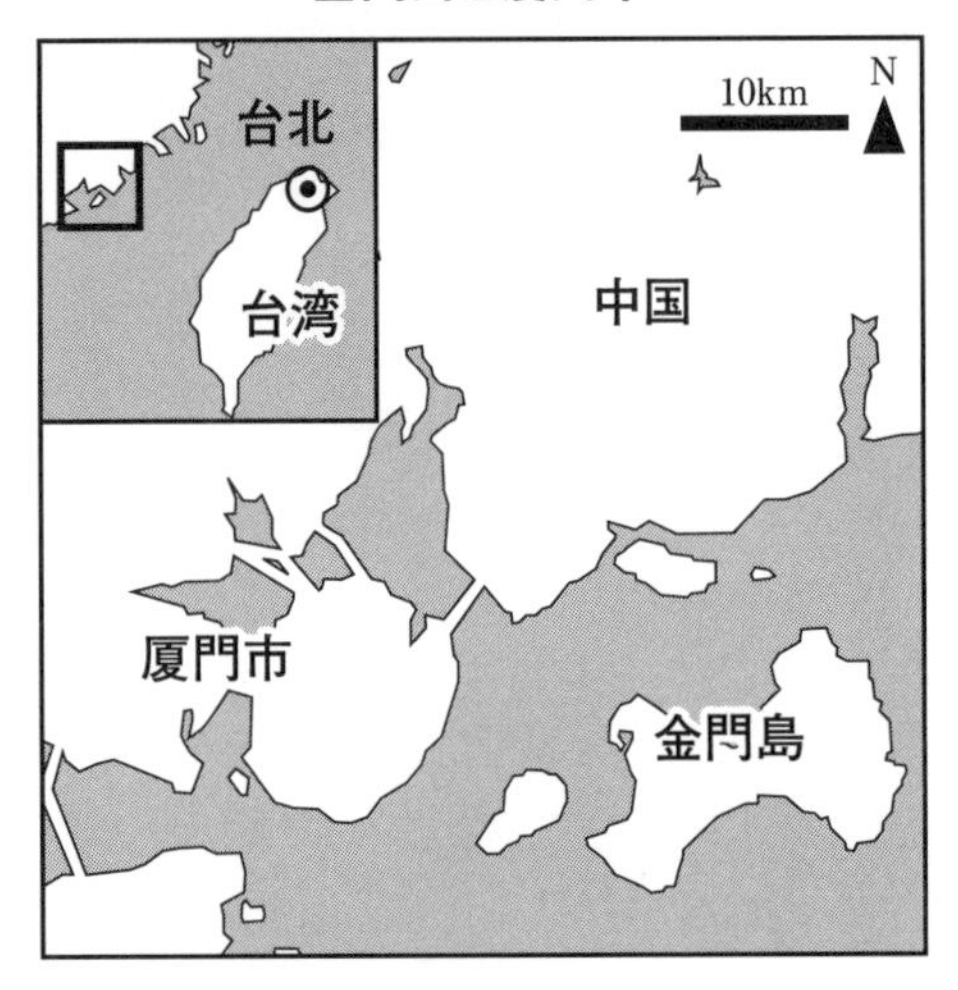

の法律では、「台湾地区」を「台湾、澎湖、金門、马祖及政府统治权所及之其他地区」（第二条一項）と定義付けている。日本語で言えば、「台湾」とは「台湾本島、澎湖諸島、金門島、馬祖島及び政府統治権が及ぶその他の地域」だ、ということだ。

この章では、その中でも特に、台湾本島から大陸側に約200キロという〝離島〟、金門島に焦点を当てる。

台湾本島は、中国大陸から遠く離れているが、金門島は、中国福建省の港町・廈門（アモイ）から最短で2キロと目と鼻の先の距離にある。金門島からみれば中国はまさに「対岸」という感覚なのだ。

そんな地の利から、金門島は中台両岸にとって歴史的に軍事的要衝であり、かつ最前線であり続けている。そんなことから、金門島の状況を知れば、〝台湾有事〟が見えてくるのだ。

■かつての「反共最前線」は…

金門島は、厳密には大小あわせて計12の島々からなる。総面積は香川県・小豆島と同程度の約150平方キロほどの広さを持っている。

中でも最大の「大金門島」は、国共内戦に敗れた中国国民党の蒋介石総統により堅固に要塞化された台湾の重要な軍事拠点なのである。

大東亜戦争終結後、中国大陸で起きた国共内戦に敗れた蒋介石率いる中国国民党は、台湾へ撤退した。しかし、来るべき「大陸反攻」のためには、福建省沿岸の島々を何としても確保しておく必要があった。北方の馬祖島とあわせ、大陸寄りの島々は重要な橋頭保だったのである。

詳しくはこの章の最後で触れるが、1949年10月の古寧頭戦役で、国民党軍は金門島に上陸してきた中国人民解放軍を見事に撃退し、以降、金門島は〝反共最前線〟となって現在に至っているのだ。

1958年8月から10月のいわゆる「八二三砲戦」では、金門島対岸の中国人民解放軍から猛烈な砲撃にさらされた。このときも国民党軍は、米軍の支援を受けつつ中国軍の攻撃をはね返して島を守り抜いたのだった。

金門島土産として有名な「金門包丁」は、この時の中国軍の砲弾を、地元の人々が巧みに加工したもので、いまだに生産され続けているのだから、大陸からの砲撃がいかに凄まじいものであったかがお分かりいただけよう。

軍事拠点化が進んだこの島には、ピーク時の1958年には10万人を超える兵力が駐留していたとされる。ちなみに、令和2年の国勢調査で、金門島とほぼ同じ大きさの小豆島全体の人口が2万5千人ほどだったことを考えると、兵力の大きさがわかるだろう。むしろん金門島は民間人も暮らす有人離島だが、その前に要塞なのである。

しかし、90年代に入り、状況は変わってくる。決定的だったのは1992年の出来事だ。この年、台湾側は海峡交流基金会と、大陸側は峡両岸関係協会という政府の認可を受けた機関同士による史上初めての公的な交渉が行われたのである。

この時の協議結果は、その後の両岸関係の基礎になった。具体的には「一つの中国」の原則を認めるが、解釈が異なることは許容するという曖昧な現状認識だった。これは「九二共識」と呼ばれるもので、冒頭で引用した「台湾地区」を定義する法律も、この協議の結果として制定されたものなのである。

ちなみに、蔡英文前総統や頼清徳総統の出身母体である民進党は、「一辺一国論」として、互いに独立した国家と踏み込んだこともあるように、「九二共識」に否定的だ。

もっとも、1996年の直接総統選挙実施まで、台湾は中国国民党による一党独裁体制下にあったことからこの認識に疑義を挟むことなど不可能だった。現在では、「九二共識」に対する政治的スタンスの違いは、台湾政界の中でも最も大きい論点の一つなのだが、当時は表面化しなかったのである。

そんな「九二共識」の下、金門島の防備体制は緩んでいった。

金門防衛司令部は縮小され、一般住民の経済活動が拡大可能になったのは、この年だ。2年後の1994年には、長年にわたる戒厳令が正式に解除され、住民の自由な移動も可能になった。加えて「外国人」の観光も解禁された。

そして2001年、台湾政府は、ついに金門・馬祖両島に限定し、中国沿岸部（福建省）との直接通商・通航・通信の開放を認める「小三通」政策に舵を切ったのである。これを決めた民進党・陳水扁総統としては、台湾本島を含めた全面開放（大三通）を回避しつつ、経済発展の果実も狙うものだった。

しかしこの年以降、島の姿は変わっていった。

「反共最前線」は「交流最前線」になったのだ。と同時に中華人民共和国の金門島に対する「静かなる侵略」（サイレント・インベージョン）は徐々に、しかし確実に進行していったのである。

■進行する「静かなる侵略」

それから約20年。現在の金門島は、中国の影を感じさせるものばかりで、「台湾」にいるのか「中国」なのか分からないほどになっている。

2024年2月、金門島を訪れた筆者の目に入ってきた風景は、衝撃の連続だった。話を聞いた島民の一人は、「今は中国との緊張関係はない」と言い切り、加えて「対岸との関係は良好だ」と、中国の脅威を否定したのである。

中国による台湾への軍事的恫喝がエスカレートし、〝2027年・台湾有事〟への注意喚起が広がる中、最前線の金門島にはそうした緊張感をまったく感じないのだ。

9年前の2015年に訪れたときは、まだ一定の緊張感もあったが、今回は、台湾有事への緊迫感をまったく感じなかったのである。滞在期間中を通じて、「反共意識」のカケラも感じられなかった。

これで本当に大丈夫なのか、と思った次第である。

これから紹介する光景を思い浮かべてもらえれば、同じような感想を抱くだろう。

たとえば、島内では高級店とされるレストランに「両岸十大名店」なるプレートが誇らしげに掲げられていた。この看板は、台湾と中国大陸でトップ・テンに入る名店だとの意味で、台湾と中国が仲睦まじく最前線の島で〝味の名店〟を選んで推奨しているというわけである。

このプレートには「２０１６年第六届　海峡両岸美食文化交流論壇」とあることから、この中台美食文化交流はこれまで6回も行われていることになる。年1回と考えれば、スタートは民進党政権ではなく、国民党の馬英九総統の時代である。なるほどそういうわけだったのだ。

主催あるいは後援団体なのか、中華海峡両岸餐飲連鎖經榮協會なる団体の他に、ＣＮＲ中央人民廣播電台という中国の公共ラジオ局と北京市朝陽區商業聯合會が名を連ねていたが、なぜか台湾本島側の団体の名前はなかった。最前線の島ではこんな中台友好の催し物が行われていたのだ。

さらに台湾軍の兵器が展示されている野外展示場の脇には、「毛澤東奶茶」なるお店があった。つまり「毛沢東ミルクティー」というわけだ。国民党の蒋介石ではなく、中国共産党の毛沢東の名前を冠した店なのである。

毛主席と蒋総統が並ぶイラスト

驚いたのは、人民服姿の毛沢東が描かれた大きなビニール看板が店の外壁に掲げられていることだった。いわば敵である中華人民共和国を建国した毛沢東の肖像がかくも堂々と描かれていることに驚かない人はいないだろう。むろん台湾人にとって長年、総統として圧政を敷いた蒋介石も恨み深い独裁者だが、しかしよりによって毛沢東というのはあり得まい。ここはいったいどこの国かと首を傾げてしまう。

さらに店内には、毛沢東と蒋介石が仲良く肩を汲んでいるイラストが、レジの天井からぶら下がっていた。しかもこのイラストには、ご丁寧にも「只要和平、不要战争」（ただ平和を求める、戦争は要らない）というスローガン付きだ。乾いた笑いしか出なかった。

いかがだろう。もはやかつての金門島ではない。

すでに金門島は、中国の静かなる侵略を受けてしまっていたのである。

■すでに中国の手中に

海岸の砂浜には、大陸からの上陸用舟艇を阻止する杭が連なっている。まだ、中台両岸の最前線であることを感じさせられる風景だ。

ところが、そこから対岸を望めば、超高層ビルが立ち並ぶ厦門の街並みがはっきりと見えるではないか。

台湾側の海岸には防御用杭とトーチカがあり、目と鼻の先にある中国側には近代的な高層ビルが立ち並んでいるのだ。まったくもって対照的なこの両岸の光景に戸惑いを感じると共に、軍事力を行使するまでもなく、もはや金門島を手中に収めたという中国の余裕すら感じる。

なるほど、厦門では新たな「翔安国際空港」の建設が進んでいた。

小金門島の海岸に立つ著者—対岸の厦門には高層ビルが立ち並ぶ

ここには、金門島から見れば内陸側にあった「厦門高崎国際空港」が担っていた機能の大半を、移転・代替させる方針だという。

馬山観測所のトーチカに据えられた双眼鏡を覗けば、大型クレーンや土砂を運ぶダンプカーが走り回っている様子がよく見える。いや金門島から見えるようにしているとしか思えなかった。

対峙する金門島の眼前に民間空港を移転させるというのだからなにをかいわんや。

なぜ中国はここまで余裕があるのか。

決定的な要素の一つが「水」だ。

かねてより金門島は慢性的な水資源不足に悩まされていた。

かつては軍民挙げた徹底的な「節水作戦」や、地下水利用、そして台湾本島からの輸送で賄っていた。ちなみに金門島の名産品コーリャン酒の原料でもある穀物の高粱は、乾燥に強い植物だからなんとかやってこられたのだろう。

2000年代に入り、福建省との越境水輸送プロジェクトが進み、2018年から正式に通水が始まった。もちろん、ライフラインを握られるリスクは承知の上で、だからこそ十分に用心はしていたはずだ。だが一度頼ってしまうと後には引けなくなる。現在、導水パイプだけでなく、人やモノまで移動できる「橋」の建設構想まで持ち上がっているというから恐ろしい。

誤解を恐れずに言えば、これでは金門島は戦わずして中国の軍門に下ったのと同様ではないか。

まさしく中国は、孫子の兵法「戦わずして勝つ」を実践しているのである。

■歴史的経緯の違いからくる台湾本島と金門島の違い

台湾本島は、中国への警戒を怠っていない。

それは、二代続けて民進党から総統が誕生し、アメリカの軍事的支援を受けて着実に防衛力を強化していることからもおわかりいただけよう。

ではなぜ台湾本島と金門島では、かくも対中認識にかくも温度差があるのだろうか。

これを理解するには、歴史的経緯の違いからくる台湾本島と金門島の違いを知っておく必要がある。

台湾本島と澎湖諸島は、半世紀にわたる日本統治（1895－1945年）を経験しており、日本による教育やインフラ整備など近代化に対する取り組みが今でも高く評価され、感謝され続けている。

ところが金門島は、戦時中の日本軍によるごくわずかな占領期間を経験しているが、台湾本島のような統治は行われていない。つまり金門島は、日本統治時代を経験していない台湾領ということになる。こうしたことから金門島民の対日感情は、世界一親日的と評される台湾人のそれとは温度差があるのだ。

むろん個人差はあるだろうが、多くの台湾人によれば、金門島民のアイデンティティーは台湾人というよりむしろ〝中華民国人〟と考える人が少なくないという。

なるほど、台湾本島と金門島の飲食店でのサービスや食事の違いを感じて、これを台湾本島出身の通訳ガイドにぶつけてみると、間髪入れずに「ああ、ここは中華民国ですから」と返されて二の句を継げないことがあった。

こうしたことは、やはり現地に足を踏み入れなければわからないことなのかもしれない。実のところ、終戦後も台湾と金門島は分離して考えられていた。

サンフランシスコ平和条約（1951年）で日本は「台湾及び澎湖諸島に対するすべての権利、権限及び請求権」や「中国大陸のすべての権益」などを放棄した。

この時、「台湾及び澎湖諸島」の帰属先は未確定だった。一方で、福建省沿岸の島々である金門島や馬祖島は「中国大陸の一部」だとされたが、国共内戦の結果、蔣総統率いる中華民国が支配していると整理されていたのだ。

この違いは、いわゆる「台湾地位未定論」などと呼ばれたアメリカの外交姿勢とも絡んでくる。台湾本島および澎湖諸島と、福建省側の島々は別物だと考える発想が米外交の主流だったのだ。実際、この頃の米国務長官、ジョン・フォスター・ダレスは「台湾および澎湖諸島の法的地位は、金門・馬祖島の法的地位とは違う」と述べている。

要するに金門・馬祖島は、〝台湾〟とは見なされていなかったのだ。

中国からの台湾防衛を念頭に置いた「米華相互防衛条約」（1955年発効）で、アメリカの防衛義務が及ぶ範囲は「台湾及び澎湖諸島」とのみ記された。外交上の繊細な配慮があったとはいえ、文言上は、「台湾」から外された形だ。米中国交正常化後に結ばれた「台湾関係法」でも、それは変わらなかった。

こうした経緯が、島民のアイデンティティー形成に与える影響は想像に難くない。島民の中には、〝台湾人〟と言われても歴史的経緯から納得しづらい人もいるだろう。彼らにとって首都・台北は200キロの海を越えた向こうにあって目にすることはできない。しかし目の前には中国沿岸有数の貿易都市・厦門の栄華が広がっているのだ。

台湾有事、そして対中脅威認識を考えるとき、台湾本島と遠く離れた金門島は一枚岩ではなく、微妙な心理的齟齬があることも知っておく必要があろう。

■国民党の「一つの中国」に支持が集まりやすい

政治信条も台湾本島と金門島では大きな温度差がある。

金門島では、政治的に、「一辺一国論」を唱える民進党よりも、将来的な「一国二制度」への可能性もある国民党を支持する人が多い。

実際に、2024年1月の総統選では、当選した民進党の頼清徳氏の金門県での得票率はわずか10%だったのに対し、国民党の侯友宜候補61・4%、民衆党の柯文哲候補は28・6%だった。金門県では、親中の国民党の得票率は、台湾独立志向の民進党のそれよりもはるかに多かったのである。ということになれば北京の中国共産党には、非常に与し易い島に映るだろう。

そもそも台湾は、中国との接触に神経を尖らせてきたが、一方の中国は、なんとか台湾と接触して突破口を見つけて付け入る策を練ってきた。

その糸口の一つが「三通」だ。

1979年に中国から台湾に対する「三通」(「通商」「通航」「通郵」)の働きかけが行われたのだが、警戒する台湾側は三不政策「不接触」「不談判」「不妥協」でその提案を拒絶し続けた。ところが2008年、国民党の馬英久総統が対中方針を転換させて「三通」が始まったのである。

だが先に説明したように、大陸にこよなく近い金門島と馬祖島では、これより前の2001年から金門島—厦門間の限定的な客船運行で対岸交流が行われたのだ。「小三通」と呼ばれるこの交流で、中国は金門島と接触を深めていったのである。

現地の事情通によると、「小三通」以降、金門島では不動産価格の上昇が加速傾向だという。

そもそも、中国本土では土地の私有は認められていない。あくまで「使用権」の取得しかできない。こうしたことが、中国人や中国資本による国外での旺盛な不動産取得意欲に繋がっているという指摘もある。

中国系による「不動産の爆買い」は、日本でも問題視されていることだが、地理的に近い金門島が、より早くそうした行動のターゲットになったと考えれば、現地の状況は想像しやすいだろう。

金門島側では、過度な不動産取得の規制を模索する動きはあるものの、「中国マネー」を活かした経済発展への欲から、完全な排除には至れないようだ。

不動産開発に付随するが、観光面でも依存度が高まっている。

2019年時点で、島には年間150万人以上の観光客が訪れたが、その三割は中国本土からだった。地元経済の賑わいは中国側の胸先三寸で左右される。しかも不動産を押さえられていれば、肝心の収益さえも中国側に吸い上げられることにもなろう。

■仕掛けられる宣伝戦

また、偶発的な衝突も見逃さない。

2024年2月、金門島沖での違法操業中、台湾側の警備当局に発見された中国漁船が転覆。海に投げ出された乗組員4人中2人が死亡する事故が起きた。

台湾側は、中国漁船が停船命令を拒んで猛スピードで逃走したことで発生した事故だと強調したが、中国側はすぐざま台湾側を非難した。そして中国海警局の公船が台湾側の観光船を嫌がらせのように立ち入り検査する〝報復〟も行ったのである。

さらにその翌月、金門島周辺海域で航行不能に陥っていた台湾の釣り船一隻を「救助」した事実を大々的に公表。「台湾海峡双方の人民はそもそも同じ家族」「助け合いは人道主義の精神を体現」「海峡両岸同胞の血のつながりを示す」などと強調して見せた。このように中国は、したたかな宣伝戦をあらゆる場面、機会を利用して仕掛けてきているのである。

■考えられるシナリオは…？

こうした幾重にも重なった〝力によらない現状変更〟の策謀は、確実に成果を挙げつつあるようだ。

半世紀以上、台湾と中国本土の間で微妙なバランスを保ってきた金門島だが、この先も現状を維持し続けることができるだろうか。今この瞬間にも、経済的な侵食は進み、住民の意識は変化し、インフラ支配が加速すれば、台湾の影響力はますます低下することにもなろう。

もちろん台湾側は神経を尖らせ、中国の動きを警戒している。だが現実的に金門島はすでに中国に取り込まれつつあり、金門島奪取は、中国の〝統一シナリオ〟の高い優先順位となっていよう。

なぜならそれは、中国の習近平体制の維持につながるからである。

中華人民共和国の最大の悲願である〝台湾統一〟は、あらゆる意味でハードルが高い。

そんな中、〝最後の中華民国〟と位置付けられる金門島の奪取は、国共内戦の延長線上での〝失地奪還〟と意味付けすることができよう。そうなれば習近平体制にとって悲願達成の大成果となり、中国国内向けに大々的にアピールできる。しかも〝力によらない現状変更〟ならば国際社会の非難もかわしやすい。

そのため中国は、前述のとおり、力によらない現状変更で金門島を取り込むためのあらゆる策を講じてくることだろう。

そのお手本が、2014年にロシアがクリミア半島をウクライナから奪取したやり方ではないだろうか。

〝中国への帰属を望む金門島民の民意〟なるものを捏造して奪い取るシナリオは大いに考えられよう。あるいは、中国への親近感を持つ金門島民が自発的に中国との統合提案を受け入れる可能性も否定できまい。

前にも紹介したが、中国は孫子の兵法「戦わずして勝つ」をもって挑んでくるのだ。

中国は、あらゆる手段を講じて台湾および金門島の奪取を図ろうとしていることを認識しておく必要があろう。

いずれにせよ「台湾有事は日本有事」であり、いかなる方法でも金門島が中国に奪取されれば対岸の火事ではすまされない。サイレント・インベージョンであれなんであれ、中国による現状変更は、しかるのちに尖閣諸島や沖縄に向けられる可能性もあるからだ。

これまで知られざる金門島の実情と中国の同島への侵略について述べてきたが、かつて金門島に上陸してきた中国人民解放軍を殲滅し、台湾本島への進攻を断念させた重要な戦い「古寧頭戦役」における秘話とその意義について紹介しておこう。

■忘れられた日本人・根本中将

今日の金門島のおかれた状況に決定的な影響を与えた古寧頭戦役（１９４９年）の勝利に、一人の日本軍人が深くかかわっていたことはご存じだろうか。

元陸軍駐蒙軍司令官の根本博中将である。

大東亜戦争終結時、中国国民党軍を率いていた蒋介石が、在留邦人４万人と将兵35万人の引き揚げに便宜をはかってくれた恩に報いるべく、戦後、根本中将は台湾に渡って国民党軍の戦闘指導にあたったのである。

国共内戦の趨勢が決しつつあった１９４９年、根本中将の下に「国民党の密使」と名乗る人物が次々に訪れ、助力を求めたという。

今こそが、報恩の時―。そう腹を固めた根本中将は、同年6月、宮崎県延岡市の沿岸から小型漁船で台湾へ密航したのだった。当時、家族には「釣りに行ってくる」とだけ告げ、家を出ていったという。

7月、台湾北部の基隆港に到着したものの、密航者として拘束されてしまう。そしてこのことが根本中将と交流のあった国民党軍の鈕先銘中将らの耳に入った。

果たして鈕中将が基隆で面会すると、旧知の根本中将その人だった。

そして8月中旬に根本中将は蒋介石と面会した。この時、蒋介石は根本中将に「老友人」(古くからの友人)と呼び掛けたというエピソードがある。

この面会時に根本中将は国民党軍への協力を申し出て、蒋介石は快諾したという。

根本中将は「林保源」と名を変え、中将の階級で湯恩伯将軍麾下の第五軍管区司令官顧問に任命されたのである。ちなみに、この湯将軍もまた、明治大学と陸軍士官学校出身の知日派だった。

湯将軍は、福建の死守を命じられていたが、人民解放軍の攻勢に苦戦していた。そこで根本中将は、部隊を厦門から金門島に移して立て直しを図る作戦を提案したのである。

具体的には、人民解放軍を誘い込み、いったん島への上陸を許す。その上で、狭隘な地理的特性を生かして敵を包囲・殲滅し、並行して敵の上陸用舟艇を破壊することで、退路と補給路を断つという作戦だった。

こうして戦われた「古寧頭戦役」（1949年10月25日―27日）と呼ばれた戦闘では、国民党軍が上陸してきた中国人民解放軍を撃退して金門島を守り抜いたのである。

中国人民解放軍は、死屍累々の山を築き国民党軍に降伏し、その後台湾海峡を越えることはなかった。

中国人民解放軍は金門島攻略に失敗したことで、最終的に台湾侵攻を断念したのだ。つまり一人の日本軍人の勇気ある行動が結果的に台湾を守ったのである。

もしやあのとき台湾が中国人民解放軍によって占領されていたらどうなっていただろう。恐らく極東アジアの風景は今とは大きく違っていたに違いない。

根本中将は、その後も1952年の帰国まで、国民党軍の教育・訓練に携わった。離台時には、感謝の印として、蔣介石から一対の花瓶の片割れを贈られている。その絵柄は釣竿を持った男だったという。

帰国後の根本中将は、「日本人徴募兵」や「白団」（蔣介石の求めに応じて秘密裡に渡台して国民党軍の教練を行った軍事顧問団）に関係したのではないかなどとの追及を受けた。

しかし彼は、うまくかわし続けたのだった。

当時の肉声を伝えた読売新聞の記事にはこうある。

「ウワサのような募兵計画などに参画したり、前線に出て部隊の指揮をとったりしたことは全くない。日本兵が大分残留しているが、どんな事をしているかあまりバラさん方がいいだろう」（昭和27年6月25日夕刊「話題の根本元中将帰る」）。

あれからおよそ80年、再び台湾が中国の軍事的脅威にさらされている。

「台湾有事は日本有事」であることを認識し、台湾の安全保障のために立ち上がろうとする日本人は出てこないのだろうか。

第3章

台湾は自らをどう守るのか?

■頼清徳総統の「四つの堅持」

「台湾海峡の両岸の将来は世界情勢に決定的な影響を与えます。台湾の民主化を担う私たちは平和のかじ取り役でもあるのです。新政権は『四つの堅持』に基づき、へつらわず、高ぶらず、現状維持に取り組んでまいります」

2024年5月20日、世界の注目が集まる中、台湾の新総統に就任した民進党の頼清徳(らいせいとく)氏は、「民主、平和、繁栄の新台湾」と題した演説の中でこう強調した。

頼氏は、かねてより「独立派」として知られていたが、蔡英文政権下での「現状維持」の路線を踏襲した。しかしながら彼は、〝独立〟を全面に押し出さないだけで、「台湾は中国大陸との〝統一〟を望まない」という姿勢は一貫している。

「四つの堅持」とは具体的に、「自由で民主的な憲政体制の堅持」「台湾と中国が互いに隷属しないことの堅持」「主権の侵犯と併呑を許さないことの堅持」「台湾の前途は全ての台湾人民の意思に従うことの堅持」を指している。

ただ、総統選挙と同時に行われた立法委員(国会に相当)選挙では、民進党は単独過半数を失って苦しい立場に置かれている。さらに、第2章で最前線の島、金門島の知られざる現状を縷々紹介したように、たとえ台湾側が「へつらわず、高ぶらず」の姿勢を貫いても、現状維持が崩れそうな危うい状況にある。

そうした中、習近平氏は台湾統一の野望を実現すべく、軍事力による恫喝を一層エスカレートさせている。まさしく中国伝統の「文攻武威」(言葉で攻め立て、武力で威嚇する)の手法で台湾に猛烈な圧力を加えてきているのだ。

台湾近海での大規模な軍事演習が頻繁に行われ、また多数の軍用機が台湾の防空識別圏に進入するなど、こうした中国の挑発行為は今や常態化しているのである。

そうした状況下、頼清徳総統がこれまでどのように対応してきたのか、そして今後どのようになってゆくのかを考えてみたい。

■「安倍晋三の遺志を継ぐ指導者」

そもそも台湾が「現状維持」を続けることはできるだろうか。そのためには世界一の軍事力を持つ米国の後ろ盾は不可欠であり、隣国日本の支援も必要となろう。

実質上、第7艦隊、第3海兵遠征軍、第5空軍など強大な在日米軍戦力は、台湾の抑止力となるが、それを支えるのが日本であり、したがって日本―米国―台湾の結束が台湾の平和と安寧の鍵となろう。もっと言えば、「日米台トライアングル」が台湾を守り、日本を守り、そしてアメリカを守るといっても過言ではない。

だからこの時局で、親米・親日派である頼清徳氏が総統になったことは大きい。もしや先の総統選挙で、親中政党の国民党・侯友宜（こうゆうぎ）氏か、微妙な立ち位置の台湾民衆党・柯文哲（かぶんてつ）氏が選出されていたら、と思うと背筋が凍る思いがする。

頼清徳氏は副総統時代、対米外交の舞台に立ち続けた実績がある。加えて、台湾政界で「安倍晋三の遺志を継ぐ指導者」と評価されている。台湾屈指の親日派政治家だったのだ。

そこでまず、頼氏の安倍氏との関係、そして日本の関わりをみてみよう。

2017年、台南市長時代に来日した頼清徳氏は日本記者クラブで講演している。どのような話をしたのか。概要は、同市のホームページでも紹介されている。

まず、対日関係を蒋介石総統が先の大戦の戦後処理方針として掲げた「以徳報怨」（徳を以て怨みに報いる）の精神から説き起こす。その上で、李登輝氏と日本の関わりに触れ、最後に、台南市などが何度も襲われていた地震被害に対して、安倍晋三総理（当時）が、迅速に救援隊派遣を申し入れた事例などを紹介した上で、こう締めくくった。

「台湾にとって日本は家族のような親密な関係になった。台湾と日本は其々自国の国家利益を考えなければならないが、同時に国家利益を超越する双方民衆の善意を育むことも必要であり、これは政治要務の一つでもある」

思わず背筋が伸びる言葉だ。頼清徳氏は、台湾の将来を思う生粋の愛国者であるとともに、ポーズではなく、心の底から日本のことも愛していることがよく分かる。

そして頼氏は2022年、奈良市で凶弾に斃れた安倍氏の増上寺（東京都港区）で執り行われた葬儀にも参列していたのだ。

この日、式場内で、私の師匠である金美齢女史と共に会場を去る喪服姿の頼清徳氏を目にした私は、頼氏の安倍晋三元総理を慕うその真心に胸をうたれ、涙が込み上げてきたことを思い出す。

当時、頼清徳氏はまだ蔡英文政権の副総統だったが、外交上の配慮で〝個人の資格〟との建前を貫いた。それにしても現役副総統の訪日は極めて異例だった。

だが実はその直前、頼氏は、安倍氏の私邸を訪れて昭恵夫人ら安倍家関係者に直接、弔意を伝えていたのである。

昭恵夫人はその時について「『わが家に台湾の偉い人が来るらしい』と聞いていたら、それが頼氏だったんです」などと述懐されていた。

安倍氏亡き後も、安倍家と頼氏の関係は変わらなかった。

そして2年後の2024年、頼清徳氏の総統就任式では檀上に昭恵夫人の姿があった。

こうした日台の絆をしっかりと守り続ける頼氏の存在は重要だ。

だが、アメリカのように第1章で触れた「台湾旅行法」を持たない日本は、政府間交流ができず、政治家同士の交流は行われているが非公式なのだ。ましてや自衛隊と台湾軍の交流など皆無というのが悲しい現状なのである。

一方で台湾は、「台湾旅行法」を足掛かりにアメリカとの関係強化に努めているのだ。

■〝最強の外交官〟蕭美琴副総統

米台関係を見通す上で、まずは副総統時代の頼清徳氏による対米外交を振り返ってみたい。

頼氏は、台南市長時代の経験などを買われ、2020年1月の前回総統選を、蔡英文・

頼清徳コンビで戦った。これに勝利した後、副総統への正式就任を前にした同年2月に訪米する。そしてこのとき、さまざまな要人と会談したが、中でも特筆するべきはトランプ大統領（当時）も出席する全国祈祷朝食会に出席したことだ。この時、座席は最前列のポンペオ国務長官の隣に用意されていたのである。

なぜこんな厚遇だったのか。それは、トランプ政権の外交姿勢のあらわれであり、このことからも「台湾旅行法」の存在は大きいといえよう。

繰り返すが、「台湾旅行法」は、米華断交時の1979年に成立した「台湾関係法」の下では制限されていた米台高官の交流を解禁し、台湾政府高官の訪米も公式に認めてたアメリカの国内法なのだ。

「台湾関係法」と「台湾旅行法」の合わせ技は、副総統としての頼氏にとって、大きな武器になったといえよう。

加えて、先の総統選で副総統となった蕭美琴（しょうびきん）氏も傑出した人物なのだ。

彼女は、2020年夏から約3年間、各国の駐米大使に相当する「駐米台北経済文化代表処代表」を務めた経歴を持っている。

そもそも彼女は、立法委員を計4期務めた政治家だが、優秀な外交官としても才能を発揮し、台湾の地位向上に貢献した逸材なのだ。

たとえば、ワシントン特派員経験もあるジャーナリストで、現在はキヤノングローバル戦略研究所主任研究員の峯村健司氏は彼女を「政府・議会関係者に深く食い込んでいた人物で、各国の外交関係者の中でも傑出している」（月刊『正論』2025年1月号）と評価し、「蕭氏からの電話を無視する上下両院議員は存在しない」（同）という興味深いエピソードも紹介している。

アメリカ政治は奥深い。今回、大統領に返り咲いたトランプ氏が矢継ぎ早に発した「大統領令」からも大統領は強大な権限を持っていることが分かる。しかし、それだけではない。実際にアメリカを動かそうと思えば、議会もまた無視できないのだ。

そうした状況の中、上下両院への〝ホットライン〟を築いた蕭氏の手腕は見事である。アメリカは第一次トランプ政権からバイデン政権の間で、内政・外交共に大きくスタンスを変えたが、こと台湾に限っては、一貫していたと評価できる。それは「台湾関係法」と「台湾旅行法」という2つの法律、そしてアメリカ人の母を持つ知米派の才媛、蕭氏という組み合わせが大きかったと言えるのではないだろうか。

頼氏にとって心強いのは、この〝最強の外交官〟が、自身の右腕、副総統として働いてくれることだろう。

頼氏が副総統だった頃、そして、総統就任後の現在に至るまで、台湾にはさまざまな支援が寄せられた。それは、対中抑止の一助となった。

もちろん、台湾自身も自助努力を重ねていた。だが軍事面を考えると、アメリカからの強力なアシストは「ゲームチェンジャー」といえるほどの大きな力を持っていた。

台湾の陸海空三軍の実態を見ながら、こうした変化を追っていこう。

■中国人民解放軍の地上兵力は台湾のそれの10倍以上

まずは陸軍だ。

英国のシンクタンク、国際戦略研究所の「ミリタリーバランス2024」などによると、台湾軍の現役総兵力は約17万人で、その中でも最も多いのが陸軍の9万人である。

台湾は現在、海軍のいわゆる海兵隊（海軍陸戦部隊）を加えると約9万4千人の地上兵力を持っている。自衛隊の地上兵力が約13万人なので、それと比べれば数の上では少ないものの、人口比でみれば、日本の人口の5分の1程度の台湾が、9万人の戦力を有しているのだから国防に対する認識が高いことがお分かりいただけよう。

日本との大きな違いは、台湾では２０１８年末までは徴兵制度も一部ではあるが維持されていたことだ。さらに軍務経験があり、定期的に訓練を受け、有事で一定程度の即応性がある予備役が１００万人単位で存在する。『防衛白書』によれば、台湾軍は、陸・海・空軍合わせて約１６６万人の予備役兵力を投入可能だという。

日本の自衛隊は、予備役にあたる「予備自衛官」が定員４万７９００人に対して実数が３万３３５２人（令和４年度）というお寒い状況であり、それに比べれば充実ぶりは明らかだ。

とはいえ、敵対する中国の人民解放軍と比べれば台湾の戦力などまったく話にならない。中国人民解放軍の地上兵力は台湾のそれの10倍以上の97万人を誇る。この数は、インド、北朝鮮に次いで世界第3位の戦力であり、もっともその公表数よりも多いという見方もあり、実態は不透明だ。

そして中国陸軍は、これまでの数にモノを言わせるいわゆる人海戦術から質的向上を図り機動力を高める近代化を図っている。

具体的には、特殊部隊や空挺作戦能力など高い機動力と戦闘能力の向上が図られているのだ。また保有兵器も、近年では、ソ連製兵器の派生型から脱皮し、西側技術などを採り入れたとみられる〝独自開発〟のハイテク兵器を次々と登場させており、今では質的にも侮れない存在に変貌しているのである。

特に、中国の陸上戦力の中で海軍陸戦隊の増強に力をいれていることに注目する必要があろう。

南シナ海および東シナ海の島嶼における周辺諸国との軍事的緊張を高める中国は、島嶼戦で力を発揮する海軍陸戦隊を、海軍の揚陸戦能力と共に強化しているのである。これは、台湾にとってもっとも注意しなければならない中国戦力の動向だ。

ただし現時点では、平均150キロの台湾海峡を渡って大規模な揚陸戦闘を行う能力はまだ備わっていない。だが中国人民解放軍は陸上戦力を急ピッチで増強・近代化しており、引き続き細心の注意が必要なのである。

■165万人を擁する巨大な準軍事組織「武警」

中国陸軍の戦力を読むには、人民解放軍の他に、「中国人民武装警察部隊」―通称「武警」

を忘れてはならない。

武警は、165万人を擁する巨大な準軍事組織であり、中国の軍事力として勘定するべき戦力なのだ。ところが武警は、一般的には警察組織として分類されているため、公表されている中国の総力204万人の外数となる。

もちろんその予算は国防費には含まれていない。だが、実質上この準軍事組織は明らかに中国の戦力の一部であり、日本でも早くから『防衛白書』で指摘されてきた。たとえば平成22年度版には次のようにある。

中国の軍事力は、人民解放軍、人民武装警察部隊（※1）と民兵（※2）から構成されており、中央軍事委員会の指導および指揮を受けるものとされている（※3）

※1…党・政府機関や国境地域の警備、治安維持のほか、民生協力事業や消防などの任務を負う。「2002年中国の国防」では、「国の安全と社会の安定を維持し、戦時は人民解放軍の防衛作戦に協力する」とされる。

※2…平時においては経済建設などに従事するが、有事には戦時後方支援任務を負う。「2002年中国の国防」では、「軍事機関の指揮の下で、戦時は常備軍との合同作戦、

独自作戦、常備軍の作戦に対する後方勤務保障提供および兵員補充などの任務を担い、平時は戦備勤務、災害救助、社会秩序維持などの任務を担当する」とされる。

※3…中央軍事委員会には、形式上は中国共産党と国家の二つの中央軍事委員会があるが、党と国家の中央軍事委員会の構成メンバーは基本的には同一であり、いずれも実質的には中国共産党が軍事力を掌握するための機関とみなされている。

人民武装〝警察〟とは名ばかりで、戦時には人民解放軍に協力し、平時には国内の治安維持や国境警備などを担う人民解放軍の補完武装組織なのだ。なるほど階級も軍隊と同じで人民解放軍の階級の前に「武警」をつけるだけで、たとえば武警少将、武警中校（中佐）、武警少尉となる。しかも武警は、人民解放軍の軍人としての資格や権利を持つというかられっきとした〝軍隊〟なのだ。

しかもこの武警の制服や戦闘服、携帯火器などは陸軍と変わらないので、外観上はほとんど区別がつかない。武警に装備されている装甲車なども、陸軍や海軍陸戦隊が装備しているものと同じである。

余談だが、テレビニュースなどで暴徒鎮圧のシーンに登場する〝軍隊〟は、この武警なのだ。

そんな武警は、いわゆるチベット自治区や新疆ウイグル自治区（東トルキスタン）などの占領地域で発生する騒乱の鎮圧やデモの弾圧に投入されており、その手荒さは筆紙に尽くしがたく、毎回多数の死傷者が出ている。まさに彼らは、被征服民族への武力弾圧をおこなう〝暴力装置〟なのである。

しかも占領地域であるチベットやウイグル自治区での諸問題に対し、軍隊ではなく警察組織たる武警を投入することで、あくまでも〝国内問題〟として内外に知らしめる欺瞞工作となっていることも見落としてはならない。

つまり中国は、台湾を〝自国の一部〟と考えているので、この武警を投入して武警による台湾への武力行使は〝国内問題〟だと内外に喧伝するだろう。

ついでに言えば、警察力をはるかに超えるこうした準軍事組織をもって、治安維持という名の〝異民族への武力弾圧〟を行なわねばならないということは、それすなわち中国が〝国内〟に不安定な起爆剤を抱えている証左であり、自国の弱点を曝け出しているのと同じである。

とはいえ、こうした人民解放軍の補完戦力は、外敵と十分に戦う能力をもっているため、警察の域を脱しない日本の機動隊とはわけが違う。

治安維持を含む国内警備任務を担う武警の存在は、人民解放軍にとって心強い。人民解放軍が対外軍事行動に専念することができるからだ。したがって人民武装警察は、人民解放軍と並ぶ中国の軍事力とみなす必要がある。

加えて中国には、平時は民間人だが戦時には兵士に早変わりする「民兵」なる予備兵力が控えており、台湾有事にはこうした「民兵」が人民解放軍の先兵として破壊工作などを行う可能性が高い。

■台湾に対する米製戦車やミサイルの増強

いよいよ保有兵器を検証するが、その前に、まずは国防費全体を比較しておく必要があろう。

公表されている2024年度の軍事予算を比較してみると、中台間で17対1もの大きな開きがある。しかも、台湾はこの20年、国防費が横ばいだった一方、中国は高い伸び率で増加させてきた。このことを考えれば、当然、質・量ともに差は広がってしまうことは容易に想像がつく。

ではまず地上戦闘力の評価基準となるＭＢＴ（Main Battle Tank）つまり「戦車」をみてみよう。

台湾陸軍の主力戦車は、米ソ冷戦期にアメリカで開発されたＭ60「パットン」の最新型Ｍ60Ａ３と、Ｍ60をベースに台湾で改修されたＣＭ11戦車だ。

ベースとなるＭ60は、ソ連が開発したＴ54／55戦車に対抗すべくアメリカが開発した第2世代戦車であり、その登場は古いものの最新型のＡ３は、イスラエル軍など各国で今も運用されている。また米軍も湾岸戦争で使用するなど実戦での経験値が高い戦車なのである。

ここに台湾軍戦車と中国軍戦車の大きな違いがある。

中国軍戦車は実戦経験がないのだ。

たしかに中国軍の近代化は目を見張るものがある。第3世代戦車の最新鋭99式戦車は、西側ハイテク技術を盛り込み、外観もこれまでの中国軍戦車とは大きく異なって、ドイツ軍のレオパルド2型などに似ている。ところが実戦経験がなく、戦場における本来性能は未知数なのだ。

そんな中国軍戦車の近代化は、１９８８年に正式採用された88式戦車の開発からだとみている。外観上はそれまでのソ連軍戦車となんら変わらないが、主砲や射撃システムといった戦車の心臓部に西側技術を採用するなど、中国軍戦車がロシア技術から脱皮したのは、おおよそこの戦車の開発からだとみてよかろう。

そしてもう一つの台湾軍の主力戦車がＣＭ11だ。

この戦車は、Ｍ60Ａ３戦車のシャーシーに、旧式のＭ48Ａ５戦車の砲塔（１０５ミリ砲）を取り付け、現代戦を戦えるハイテク機器を搭載している。

もっともその開発背景には、アメリカが中国への配慮からＭ60Ａ３戦車の追加供給を断ったため、台湾が独自開発せざるを得なかったという苦々しい事情があったのだ。つまりこのＣＭ11戦車は、当時のアメリカが対中関係を優先していたということを物語っているのである。

そのことから、第一次トランプ政権時に決定された「Ｍ１Ａ２Ｔ」戦車の供与は、アメリカが対中配慮を廃し、本気で台湾防衛にシフトしたことを雄弁に物語っているのだ。

米ジェネラル・ダイナミックス社製のＭ１「エイブラムス」（第２世代）は、Ｍ60「パットン」の後継車両として１９８０年に登場し、米陸軍と米海兵隊の主力戦車として改良を重ねながら運用されている世界最強戦車の一つである。

当初は105ミリライフル砲が搭載されていたが、後に独ラインメタル社製120ミリ滑腔砲を搭載した第3世代の「M1A1」が登場し、さらに改修が行われ3・5世代戦車となったのが「M1A2」戦車なのだ。この台湾向けバージョンが、台湾の「T」を付けた「M1A2T」であり、合計108両が導入される予定で2024年から順次配備が始まっている。

ちなみにこのM1戦車は、世界各地で最も実戦経験を積んだ戦車であり、また米軍以外にオーストラリア、ポーランド、サウジアラビア、エジプトなど11カ国(ウクライナを含む)で運用されていることからも、その信頼性の高さがお分かりいただけよう。

台湾が米軍の現用戦車を採用したことは、つまり台湾有事に際していつでも米軍から補用部品はもとより、戦車そのものの提供が可能となったことを意味している。

揚陸能力を構築中の中国軍が現時点で99式戦車などを台湾に上陸させることは難しく、したがってウクライナ戦争のような戦車同士の戦闘の可能性は低い。だがそれよりも、台湾軍地上部隊が米軍と同じ現用戦車を保有し、米軍からの補給体制を確保したことで、必然的に抑止力を飛躍的に向上させたことが重要な視点なのである。

このようにＭ１戦車の台湾供与は、アメリカの外交の本音を教えてくれているのだ。

台湾の地上戦力に対するアメリカの支援はほかにもある。

ロシアによるウクライナ侵攻で脚光を浴びた兵器も売却されているのだ。

ウクライナ戦争の開戦当初に大活躍した対戦車ミサイルＦＧＭ－１４８「ジャベリン」だ。

20年以上前に契約が行われ台湾軍にはすでに実戦配備されており、ウクライナ戦争の成果を見て今後さらに追加導入が予想されものとみられる。この「ジャベリン」の存在は大きく、中国軍上陸部隊に対する抑止力となろう。

また、ウクライナ軍が、弾薬庫・補給線・指揮所といったロシア軍の後方拠点を破壊するなどして戦況に影響を与えたＭ１４２高機動ロケット砲システム「ＨＩＭＡＲＳ」(High Mobility Artillery Rocket System) 通称「ハイマース」も保有している。

ハイマースは、Ｃ－１３０輸送機などで空輸できる長距離火力支援兵器で、これまでのＭＬＲＳ（自走多連装ロケット砲）より機動性が高く、これと同様の各種ミサイルやロケット弾を発射することができる。

第一次トランプ政権下の２０２０年に、台湾への輸出が承認され、ウクライナ戦争最中の２０２４年10月に11基が台湾に到着した。そしてその翌月には、やはりトランプ政権下で輸出承認されたＭＧＭ１４０「ＡＴＡＣＭＳ」（Army Tactical Missile System）通称「エイタクムス」64発が引き渡されている。

エイタクムスは、対人・対物の小弾数百発または複数の滑空型誘導式小弾を込めた地対地戦術ミサイルで、主として地上目標を正確に攻撃することができる。また湾岸戦争やイラク戦争、そしてウクライナ戦争でその性能は実証されており、この兵器の取得によって、台湾への着上陸作戦を企図する中国軍に対する抑止効果は格段に高まったといえよう。

さらに今後は、ハイマースに、中国上陸部隊や、台湾周辺海域に遊弋して経済封鎖を企図する中国艦隊を排除する対艦打撃能力が付与されるものと思われる。

■「国艦国造」で近代化を急ぐ水上艦

四面環海の台湾にとって、海軍力の整備は喫緊の課題である。

まずは「ミリタリーバランス２０２４」を元に、それぞれの海軍が保有する艦艇の数および総排水量で比較すると、台湾海軍が保有する艦艇は１５０隻（21万トン）なのに対し、

米海軍「スコット」が台湾に売却されて駆逐艦「基隆」となった（出典：ウィキペディア・コモンズ）

中国人民解放軍のそれは690隻（236万トン）と、両国海軍の戦力差はあまりにも大きい。ちなみに海上自衛隊は138隻（53万トン）であり、艦艇数だけでみると台湾海軍は海自とほぼ同数だが総トン数は半分以下ということになる。

台湾海軍保有艦艇のうち駆逐艦やフリゲートなどの主力戦闘艦艇は約30隻で、近年、潜水艦戦力と共に急ピッチで近代化および増強が行われている。

台湾海軍の主力艦は、アメリカから導入された「キッド級」駆逐艦（満載排水量約1万トン）4隻で、いずれもが1981年～1999年まで米海軍で就役したのち、台湾に売却され、2005年から台湾海軍で「基隆級」駆逐艦として近代化改修しながら現役で活躍している。

その他、「オリヴァー・ハザード・ペリー級」ミサイルフリゲートを台湾でライセンス生産した「成功級」（満載排水量4200トン）8隻と米海軍退役艦を購入したもの2隻、さらにステルス性を重視した斬新なフォルムのフランス海軍「ラファイエット級」をベースにフランスで建造された「康定級」フリゲート6隻など外国製およびそのライセンス生産艦が台湾海軍の主力艦となっている。

ただし現下の中国海軍の増強ぶりをみれば、この程度の海上戦力ではとても対抗することはできまい。

もっと言えば、台湾海軍は、中国の弾道ミサイルに対応できるイージス艦を保有していない。

台湾有事とならば、中国軍は台湾進攻のシナリオとして弾道ミサイルを多用してくるだろう。

そこで、近い未来に、弾道ミサイル防衛能力を備えたイージス艦「アーレイ・バーク級ミサイル駆逐艦」あたりが売却されるのではないだろうかとみている。

「基隆級」（キッド級）駆逐艦も艦齢40年を超える旧式艦なので、近代化改修にも限度が

沱江級コルベット（出典：ウィキペディア・コモンズ）

あることから、これは十分に考えられよう。

と同時に、「国艦国造」の艦艇建造計画に基づいて台湾海軍は国産戦闘艦の建造にも取り組んでいる。

ステルス性の高い「沱江（だこう）」級コルベットが2015年から順次配備されており、台湾海軍は2026年までに11隻を配備する計画だ。沱江級コルベットは、スクリューを持たないウォータージェット式双胴船で、2番艦以降の量産型は、全長65メートル、満載排水量685トンと小さく、しかし主砲として76ミリ砲1門、防御用の20ミリ機関砲「ファランクス」1基の他、国産対艦ミサイルを搭載し、速力は約38ノット（時速約70キロ）という高速を出すことができる。海上自衛隊のミサイル艇と同様の運用が行われるとみられ、寄せ来る中国の水上艦艇を迎え撃つ高い対艦打撃力が期待されている。

このように台湾海軍は、空母機動部隊などは保有せず、周辺海域の防衛と脅威の排除を目的とした戦闘能力の向上に努めているのだ。

■台湾念願の国産潜水艦の配備開始

そんな台湾海軍の近代化の最重要課題が潜水艦戦力の拡充だ。

これまで台湾海軍は、アメリカが第二次大戦中に建造した〝骨董品〟の潜水艦2隻と、オランダのスバールトフィス級をベースに台湾が1980年代に建造した海龍級2隻の全4隻体制だった。

これは、とても「潜水艦戦力」と呼べるものではなく、実質上、台湾海軍には現代戦を戦える潜水艦はないといってよい。

一方の中国は、世界最強の米海軍に対抗するため、勝ち目のない水上艦戦力よりも潜水艦戦力の拡充に力を入れて、現在では、戦略核ミサイルを搭載する原子力潜水艦6隻、攻

海鯤級潜水艦（出典：ウィキペディア韓国版）

撃型原子力潜水艦6隻、ディーゼルエンジン搭載の通常型潜水艦48隻の合計60隻の潜水艦を保有しているとみられており、中台潜水艦戦力の差は比べるまでもない。

そんな台湾海軍がついに国産潜水艦の配備を始めたのだ。

その開発背景には、アメリカの潜水艦建造能力と各国の対中配慮があった。

歴史をたどると、2000年代にブッシュ（ジュニア）政権からの潜水艦供与計画が浮上したが、すべての潜水艦が原子力潜水艦であるアメリカは、ディーゼル推進の通常型潜水艦の建造能力がなく、その計画が流れてしまったという経緯がある。そしてその後も台湾は、ヨーロッパなどから調

最新鋭潜水艦「たいげい」型4番艦「らいげい」（出典：海上自衛隊ホームページ）

達を試みたが、中国側の妨害で頓挫し続けたのだった。

もはや台湾は通常型潜水艦を独自開発するしか道がなかったのである。

こうして2023年に誕生した念願の国産潜水艦が「海鯤（かいこん）」だ。

排水量2500トン、全長80メートルは、海上自衛隊の「たいげい」型（排水量約3000トン　全長84メートル）に近い。

そもそも潜水艦は機密の塊であり、その詳細データやその性能は非公表なのだが、搭載機器は実績のある外国製のものが採用されていることは間違いないだろう。

また「海鯤」は、世界一の性能を持つといわれる日本の通常型潜水艦に勝るとも劣らぬ高性能艦だという見方もある。というのもこの「海鯤」の設計には、当初から米英など数カ国の技術や退役軍人が関わっており、その中には日本人技術者も加わっているともいわれているからだ。もしそれが本当ならば、「海鯤」は、世界の叡智を集めた結晶ということになるから、その性能は大いに期待できる。

「海鯤」は、敵の水上艦艇を攻撃するアメリカ製対艦ミサイル「ハープーン」と、米海軍原子力潜水艦が搭載している高性能魚雷「Ｍｋ48」を搭載しており、これまでの台湾海軍が保有してきた潜水艦とはくらべものにならないほどの高性能艦となろう。

そうしたことから、「海鯤」は中国海軍にとっては最大の脅威であり、その増勢は彼らにとって悪夢でしかないだろう。潜水艦にとって最大の脅威は潜水艦であり、これまで圧倒的優位だった中国海軍潜水艦戦力も、この「海鯤」の登場によってその優位性に大きな変化が生じる可能性がある。

台湾海軍は、この「海鯤」を8隻建造する計画で、順次配備が進んでいる。

さらに台湾空軍が運用を始めたＰ－３Ｃ哨戒機にも注目したい。

これまで台湾軍の対潜哨戒機は、１９５２年に初飛行した旧式の「Ｓ－２Ｔ」を運用してきたが、２０１３年より配備が始まったＰ－３Ｃに順次置き換わっていった。

こうして台湾軍は現在12機のP－3Cを保有している。P－3C哨戒機は、1機で四国と同等面積の海域を哨戒できる上、探知能力も攻撃能力もS－2Tのそれとはくらべものにならないほど高く、したがって台湾軍の対潜能力は格段に向上したとみよいだろう。

こうしてみると、ディーゼルエンジン搭載の潜水艦もP－3C哨戒機にしても、日本の出番なのである。

日本の防衛産業が技術支援や部品供給、そして役務提供など、台湾海軍の潜水艦戦力および対潜能力の向上に乗り出せば、それすなわち日本の防衛にも大きく寄与するではないか。

詳細は後章に譲るが、日本政府は一刻も早く、日本の安全保障のためにも台湾支援に乗り出すべきなのだ。

■どうなる台湾海峡の航空優勢

空を制するものは戦(いくさ)を制す──。現代戦の勝敗は航空優勢にかかっている。

目下、中国人民解放軍は、航空母艦建造を柱に海軍力増強に注力すると同時に、航空戦力の近代化にもしのぎを削っている。

「ミリタリーバランス２０２４」など公開情報ベースで航空戦力を比較すると、戦闘機など作戦機は、台湾が約４７０機に対して中国は約３２００機と桁違いだ。さらに中国は、うち１５８８機が第４世代・第５世代戦闘機だが、台湾は作戦機４７０機のうち第４世代機が３２１機というから、数も質の上でも中国が台湾の航空戦力を凌駕していることがおわかりいただけよう。

中国空軍はすでにＪ―20などの国産ステルス戦闘機を登場させており、また空母艦載機も第４世代機のＳｕ―30を運用するなど、彼らの近代化には目を見張るものがある。

一方の台湾空軍だが、主力戦闘機は米国製Ｆ―16戦闘機と仏製ミラージュ２０００、さらに台湾国産の経国（ＩＤＦ）の３機種である。その中で近代化される中国航空戦力に対抗できるのはＦ―16だ。

台湾空軍は現在、Ｆ―16を約１４０機保有しており、最新のV型66機の導入も含めて今後も台湾空軍の主力戦闘機として長く運用されることになろう。

Ｆ―16戦闘機は、対空・対地・対艦など様々なミッションをこなせる多用途戦闘機で、

ＮＡＴＯ加盟各国軍の他、世界各国で運用されている。台湾はＦ－１０４戦闘機の後継機として１９７０年代から本機の購入を要望していたがアメリカの対中配慮のため拒否された経緯がある。実はその結果、フランスからミラージュ戦闘機を60機購入したほか、国産戦闘機「経国」の開発に踏み切ったのだった。つまりミラージュ２０００と「経国」は、Ｆ－16戦闘機の代替えにすぎなかったのである。

余談となるが、ミラージュ２０００戦闘機は、１９８０年代にフランス空軍に配備が始まった戦闘機で、フランス以外にはエジプト、インドなど数カ国で採用されている。ところがＮＡＴＯ諸国にはそっぽを向かれており、台湾でもあまり高い評価は聞かれない。近年では、仏マクロン大統領がウクライナへの支援の一環として本機を供与することが決定し、ウクライナ戦争に投入されている。

冷戦終結後の１９９２年、アメリカは台湾への売却を許可したが、それでもやはり対中配慮のため売却されたのは、最も古いバージョンのＦ－16Ａ／Ｂだった。

そして念願のＦ－16戦闘機を手に入れた台湾空軍は、同機種で台湾の領空を守り続けた。ところが近年、中国空軍の近代化に抗しきれなくなり、世界の潮流だった第５世代戦闘機Ｆ－35の取得を希望したが、またしても対中配慮によって断念せざるを得なかった。その代案として浮上したのが最新鋭の「F—16V」だったのだ。
F—16Vは、高性能のAESAレーダーおよび最新のアビオニクス（電子機器）を搭載し、機体構造も強化されており、その戦闘能力は、現有のF—16A／Bと隔世の感がある。台湾空軍はこのF—16Vの取得によって、台湾海峡の航空優勢を取ることはできないまでも、領空内の防空能力を飛躍的に高め、台湾進攻を企図する中国海空軍に対する大きな牽制力となろう。
台湾は、アメリカから66機のF—16Vを購入し、同時に現有の約140機ものF—16A／Bを、アメリカのロッキード・マーティン社の技術支援の元に「V」に改修するというから頼もしい。
いずれにせよF—16V戦闘機の登場は、台湾の防空能力を大きく高めていることは間違いない。
実はこのF—16Vも、トランプ大統領が第一次政権時に台湾への売却を承認した最新鋭兵器の一つであり、そのことからもトランプ大統領の台湾防衛に対する本気度がおわかりいただけよう。
こうして台湾の戦闘機取得の経緯をしっかりと追いかけてゆくと次の一手が見えてくる。

対中配慮などお構いないトランプ大統領ならば、近い将来、台湾に第5世代のステルス戦闘機F—35の売却を容認することになるのではないだろうか。

むろんそれは対中カードの一環という側面もあるだろうが、そのことによって、同じF—35運用国の日本、アメリカ、オーストラリア、韓国間で部品の融通などが可能となり、軍事支援体制も期待できる。つまり台湾がF—35を保有することは、台湾の抑止力を高めるだけではなく周辺国にとっても軍事的メリットは大きいのだ。

■中国は台湾海峡を越えて台湾に上陸できるか

このように防御を固める台湾に対して、中国はどう出てくるか。

すでに、第2章で金門島を舞台に進む静かなる侵略（サイレント・インベージョン）の実態に触れたが、と同時に習近平は台湾への露骨な圧力を隠していない。

「国家を分裂させるものは全て、これまでも良い結末はなく、必ずや人民に唾棄され、歴史的な審判を受けるであろう」

２０２１年10月、辛亥革命１１０周年の記念式典でのこうした演説も、その一つだった。

実はこの演説から2カ月後、台湾国防部が立法院に中国の侵攻シナリオに関する報告書を提出している。これについても、日本の『防衛白書』がまとめているので、引用したい。

・演習の名目で軍を中国沿岸に集結させるとともに、「認知戦」を行使して台湾民衆のパニックを引き起こした後、海軍艦艇を西太平洋に集結させて外国軍の介入を阻止する。
・「演習から戦争への転換」という戦略のもとで、ロケット軍および空軍による弾道ミサイルおよび巡航ミサイルの発射が行われ、台湾の重要軍事施設を攻撃すると同時に、戦略支援部隊が台湾軍の重要システムなどへのサイバー攻撃を実行する。
・海上・航空優勢の獲得後、強襲揚陸艦や輸送ヘリなどによる着上陸作戦を実施し、外国軍の介入の前に台湾制圧を達成する。

このケースは、金門島や馬祖島への限定的な攻撃から侵攻が始まるとしていない。しかし、それが逆に現実味があって恐ろしい。

中国は、「認知戦」「弾道ミサイル&巡航ミサイルによる攻撃」「サイバー攻撃」「着上陸」という手順を想定しているわけだが、やはり緒戦に仕掛けられる「認知戦」への備えが重要だ。恐らく中国は、ＳＮＳやメディアを通じて、台湾内外の親中派を支援し、分断を助長するだろう。

そして軍事施設への物理的攻撃はもちろんだが、中国は、電力や通信といった社会インフラへのミサイル攻撃も行うであろう。これは実際、ロシアがウクライナに対して執拗に行っている手法だ。

ウクライナ戦争の緒戦では、通信網が寸断され、代替としてイーロン・マスク氏のスペースXによる衛星通信網の活用が盛んに報道されていた。

実は、その裏側では、退役米軍人らが現地でサイバー防御戦に従事していたというのだ。サイバーセキュリティに詳しい当局者によると、こうした経緯について台湾は非常に高い関心を示し、すでにそのノウハウを学んでいるという。

強襲揚陸艦や空挺部隊などを組み合わせた台湾本島への上陸も想定しておく必要があろう。

だが台湾海峡は平均１５０キロもある。航空優勢、制海権を確保しなければ安全に航行できまい。

対潜能力の低い中国の水上艦艇が、台湾のハイテク潜水艦「海鯤」や、なにより世界最強の米海軍の攻撃型原潜の攻撃から航空母艦や強襲揚陸艦を守ることができるだろうか。台湾の長射程空対艦ミサイルや巡航ミサイルを迎撃できるだろうか。脳裏に次々と疑問符が浮かんでくる。

そもそも中国人民解放軍には、米海兵隊のような大規模上陸戦闘の経験がなく、したがってノウハウもない。もっと言えば台湾へ着上陸させるための強襲揚陸艦が揃っていないのだ。

前にも紹介したが中国海軍の艦艇数は、台湾海軍のそれをはるかに上回っている。そして台湾進攻を想定して「強襲揚陸艦」の整備も急ピッチで進めている。

計画数8隻の「075型」強襲揚陸艦（満載排水量3万6000トン・全長232メートル）は、2021年に1番艦「海南」を就役させた後、順次配備が行われている。エアクッション揚陸艇を3隻、艦載ヘリを30機搭載しているが、F—35Bのような固定翼戦闘機は搭載していない。というより、そもそもF—35Bのような短距離離陸垂直着陸機を保有していないのだ。

このあたりが米海軍のアメリカ型強襲揚陸艦（満載排水量4万5570トン・全長257メートル）との大きな違いである。

だが中国は、アメリカ型強襲揚陸艦に匹敵する大きさの「076」型強襲揚陸艦「四川」（満載排水量4万1000トン・全長252メートル）を2024年12月に進水させており、台湾侵攻の準備を着々と進めていることに注視する必要があろう。

■米軍駐留こそ台湾にとって最大の抑止力

第一次トランプ政権下では台湾に、長距離精密攻撃が可能な空対地ミサイルAGH―84H（SLAM―ER）の売却も承認された。

このミサイルの射程は約270キロで、台湾海峡をフルカバーする射程距離を持っており、F―16Vで運用すれば、洋上阻止能力は飛躍的に高まることになろう。

台湾は、中国による着上陸作戦を阻止すべく着実に防衛力整備に努めてきた。中国は、こうした状況を歯ぎしりしながら眺めているに違いない。

そこで中国は、〝反分裂〟だの〝台湾統一〟だのと独り善がりなスローガンを国内外に向けて発信しながら、短距離弾道ミサイルを台湾周辺海域に撃ち込んで威嚇を続けているのだ。

もちろん台湾もそんな弾道ミサイル攻撃に対してなす術がなく、手をこまねいて怯えているわけではない。

台湾軍は、弾道ミサイル防衛の切り札としてアメリカから地対空誘導弾「ペトリオットミサイルPAC—3」を配備するなどして弾道ミサイルの攻撃に備えている。

だが前にも書いたように、台湾海軍は、弾道ミサイルを宇宙空間で迎撃できるSM3ミサイルを搭載したイージス艦を保有していないのだ。このように台湾の弾道ミサイル防衛は脆弱といわざるをえないというのが現状で、中国はこのあたりを熟知しており、中・短距離弾道ミサイルを多用する戦術を練っているのである。

したがって台湾も、先の空対地ミサイルAGH—84H（SLAM—ER）をはじめ、敵基地を攻撃できる長射程の空対地ミサイルAGM158といった「統合空対地スタンドオフミサイル」の入手に努めているほか、射程1200キロを持つ国産の長射程巡航ミサイル「雄昇」の開発を行なうなどしているのだ。

だがそれでも中国の圧倒的軍事力にはかなわない。

となれば、どうすれば中国の武力攻撃を阻止できるのか。

これは大胆な構想だが、ずばり台湾に在日米軍基地の一部を移転させることだろう。

沖縄の反基地運動に煩わしさを感じているであろう在沖米軍にとっても、もろ手を挙げて大歓迎してくれる台湾は楽園であり、駐留もしやすいに違いない。

わずか一個飛行隊でも米空軍の戦闘機部隊が台湾空軍基地に常駐、あるいは巡回配備させるだけで、台湾の抑止力は爆発的に向上する。もちろん中国は怒り狂うだろうが、そんなことは織り込み済みで、とにかく米軍が駐留することで台湾への軍事侵攻の可能性は大幅に低減することになろう。

■「戦力防護」「沿海決勝」「海岸殲滅」

陸海空三軍の現状分析を行ったが、台湾の国防に関する基本理念についても知っておきたい。

台湾の国防構想は時代や政権によって変わってきた。

たとえば、馬英九政権時は「防衛固守・有効抑止」という考えだった。人民解放軍をできるだけ台湾側に引き付けた上で叩くという発想だ。

これに対し、蔡政権では新たに「防衛固守・重層抑止」を掲げた。

これについて日本の『防衛白書』（令和6年版）では、2019年の台湾国防報告書を引用して次のような3点からなる防衛構想だとしている。

・敵の先制攻撃による危害を低減させ、軍の戦力を確保する「戦力防護」
・航空戦力や沿岸に配置した火力により局地的優勢を確保し、統合戦力を発揮して敵の着上陸船団を阻止・殲滅する「沿海決勝」
・敵の着上陸、敵艦艇の海岸部での行動に際し、陸・海・空の兵力、火力および障害で敵を錨地、海岸などで撃滅し、上陸を阻止する「海岸殲滅」

白書では、この3点の狙いについて「中台間に圧倒的な兵力差がある中で、中国軍の作戦能力を消耗させ、着上陸を阻止・減殺するねらいがあるとともに、中国軍の侵攻を遅らせ、米軍介入までの時間稼ぎを想定している」とも分析している。

蔡政権では、この「防衛固守・重層抑止」の構想に加え、「縦深防衛」という概念も導入したという。「2023年国防報告書」で示したものだが、大陸側で台湾侵攻作戦のために集まった部隊への先制攻撃をためらわない姿勢が強まっている。

興味深いのは、この国防報告書は「自由で開かれたインド太平洋（ＦＯＩＰ）」を意識していると読めることだ。安倍晋三元総理が強調していた「台湾有事は日本有事」どころか、さらに踏み込んだ「台湾有事は、インド太平洋地域全体の有事」が行間に見える。

いずれにせよ、中国を近付かせず、大陸側で叩くという姿勢は蔡・頼の民進党政権下でしっかりと継承され、そして深化している。

第4章

尖閣を守れ！

■中国公船の行動は年々エスカレート

〝365日中352日〟

これは何を意味しているか分かりだろうか。

令和5年の1年間に、尖閣諸島周辺の接続水域内で、海上保安庁が中国公船の活動を確認した日数だ。見ておわかりのように「ほぼ毎日」という状態になっている。5年前は約160日だったのでつまり倍増してるのである。

事態は深刻だ。

接続水域での連続確認日数は、令和5年12月22日から同6年7月23日にかけて、過去最長の215日を記録した。

海保が発行する「海上保安レポート2024」によると、令和5年3~4月には、日本の漁船などに近付こうとして、日本の領海内に侵入した時間が合計80時間36分に及んだ。また、令和7年3月には、領海内への連続滞在時間が92時間超となり、平成24年9月の尖閣国有化以降の最長となった。

中国公船の行動は年々エスカレートしているのだ。

海上保安庁が「中国海警局に所属する船舶が、日本漁船に近づいた件数」としてカウントしているが、平成31年（含む令和元年）には1件だったのが、2年には8件、3年には18件、4年には11件、5年には18件と、令和3年以降は急激に増えているのである。

はっきり言って異常事態だが、しかしこれが常態化してしまっているのだ。

24時間365日、広大な領海を警備している海上保安庁には頭が下がる。特に、尖閣諸島周辺海域で警備にあたる第11管区海上保安本部には、たいへんな負荷がかかっていることは想像に難くない。

現在、第11管区の石垣海上保安本部には14隻の巡視船と2隻の巡視艇が配置されている。その中で、海上保安庁最大の巡視船「あさづき」（総トン数6500トン・全長約150メートル）は、40ミリ機関砲2基、20ミリ多銃身機銃2基という重武装のヘリコプター搭載型巡視船で、いかにこの方面の危険度が高まっているかを物語っていよう。

そしてこの石垣海上保安本部には、「尖閣領海警備専従部隊」が編制されており、尖閣諸島の警戒監視任務にあたっているのだ。この専従部隊には本部所属の14隻の巡視船の内10隻の「くにがみ」型巡視船（総トン数1500トン・全長約97メートル・20ミリ多銃身機銃1基）が割り振られているのだが、もはやそれだけでは対応しきれない状態になりつつあるという。

退職直前の令和5年3月に、朝日新聞のインタビューに応じた11管区の一條正浩本部長（当時）は、「勝っても負けてもいけない。引き分けをキープすることが重要」との認識を語っていたことが印象的だった。勝ち負けではなく、引き分けであり続けること。現場トップとしての言葉は非常に重い。

海上保安庁は今、かつてない危機と向き合っている。

次は「空」を常態化か？

中国は尖閣諸島に対して、じわじわと既成事実を積み上げていく「サラミ戦術」を採っており、冒頭で紹介したように、今や、中国公船が尖閣周辺で当たり前のように活動している状態なのだ。

では次に中国はどんな手を使ってくるのか。

空からの侵入も十分に考えられる。だがすでに前例はある。

日本が尖閣諸島を国有化した翌年の２０１３年12月、中国国家海洋局（当時）所属の固定翼機が尖閣諸島上空の領空を侵犯したのだ。

それ以降は同種の領空侵犯事案の発生は公表されていないが、今後も中国は、海と空から同時に侵攻してくる可能性がある。

中国海警局は、「Ｚ―９」などの艦載ヘリコプターを運用する甲板と格納庫を持つ船を数多く保有している。この艦載ヘリを使って特殊部隊あるいは海上民兵を空から尖閣諸島に上陸させることも侵攻シナリオの一つだろう。

だが最も可能性が高いのが、中国がドローンによる領空侵犯を常態化させることだろう。

２０２４年版の「海上保安レポート」には、ドローンへの対処を次のように記されている。

近年、世界各国でドローンを用いたテロ事案等が発生しており、我が国においてもそのような新たなテロの脅威に対し、「重要施設の周辺地域上空における小型無人機等の飛行の禁止に関する法律」等を適切に運用して未然防止を図っているところです。海上保安庁においては、関係機関と連携して不審なドローンの飛行に関する情報を把握するとともに、ドローン対策資機材を活用するなど、複合的な対策を講じています。

だが遠距離から操作された複数のドローンが尖閣諸島上空に飛来して領空侵犯を繰り返せば、海上保安庁の巡視船では対応不可能となろう。

今後、このドローン対応は海上保安庁にとって喫緊の課題である。

■尖閣諸島に海上自衛隊を投入すればどうなるか

「もう海上自衛隊の出番ではないか」―厳しい尖閣情勢を前に、こう言いたくもなるが、残念ながらそれは難しい。

簡単に言ってしまえば、日本政府が、尖閣諸島について、「領土問題は存在しない」というスタンスを貫いているからである。自国の施政権下での治安維持は、原則として警察権を行使して行うべきものなのだ。したがって日本国の領海内であれば、海の警察である海上保安庁が海上警察権を行使して対応することになるわけである。

もしや尖閣諸島の現状に対して、真っ先に海上自衛隊を投入すればどうなるか。

警察権で対処するべき所に、自衛権の行使主体が乗り込んでくる形になる。そうなると、「尖閣諸島は日本の施政権下にある」との立場が揺らぎかねない。また、中国に軍事力投入の口実を与えてしまうことになるという見方もある。

つまり、中国は尖閣諸島を自国の領土だと主張しており、中国の領海に日本が軍艦を侵入させてきたからやむを得ず海軍を差し向けて応戦した、という彼らのシナリオにまんまと乗せられてしまうというわけだ。中国が、東シナ海と南シナ海を〝自国の領土・領海〟という建前で、主権衝突海域に、海の警察たる中国海警局の公船を投入してくるのには策略があるのだ。

これは実にバカげた話だが、東シナ海（East China Sea）・南シナ海（South China Sea）という呼称そのものが、中国の主権主張の後ろ盾となっているというのなら、呼称変更を考えてもよいかもしれない。

ちなみにベトナムは、南シナ海を「東海」（East Sea）、フィリピンは「西フィリピン海」（West Philippine Sea）と呼称している。またインドネシアは、2017年に「北ナトゥナ海」（North Natuna Sea）と改称しており、中国に口実を与えないようしているのだ。

いずれにせよ中国は、あくまでも尖閣諸島は自国の領土、したがってその周辺海域は自国の領海だとして海警局の公船を送り込んできているのだが、海警局は海の警察ではなく、その実態は軍隊組織なのである。

これまで日本の国土交通省傘下の海上保安庁と、中国の国家海洋局傘下の海警局はともに、警察組織だった。しかし、２０１８年、中国海警局は、政府機構改編の一環で、中国人民武装警察部隊（武警）に編入されたのである。

前章でも紹介した武警は、人民解放軍とともに、中国共産党中央軍事委員会の指導・指揮下にある武装組織で、設置根拠である武警法10条には「中央军事委员会授权人民武装警察部队组织指挥（中央軍事委員会によって組織と指揮を認可される）」とある。

また、同条では「战时执行任务（戦時に執行する任務）」として、「由中央军事委员会或者中央军事委员会授权战区组织指挥（中央軍事委員会か、委員会が委任した戦区が指揮する）」と規定している。

この改編後、海警局幹部には続々と軍出身者が就き、退役軍艦までもが引き渡されているのである。

■海警局が人民解放軍と一体化する「準軍事組織」に変化

問題なのは2021年に施行された「海警法」だ。

同法第83条には次のようにある。

海警机构依照《中华人民共和国国防法》、《中华人民共和国人民武装警察法》等有关法律、军事法规和中央军事委员会的命令，执行防卫作战等任务（海警は、《国防法》、《武警法》等の関係法規、中央軍事委員会の命令に基づき、防衛作戦等の任務を遂行）

一連の機構改編や法律により、海警局はこれまでの海警局ではなくなり、人民解放軍と一体化する「準軍事組織」に変貌したのである。なるほど海警法22条では、国家主権等が外国などから不法に侵害された場合、「包括使用武器在内的一切必要措施（武器の使用を含む一切の必要な措置）」が取れる、とさえ言っているのだ。

こうなったら〝警察比例の原則〟にのっとって海上保安庁も同様に改編すべきなのだが、

国際法の壁があることも知っておかねばならない。

日本政府は、中国の海警法施行に際して、茂木敏充外相（当時）が記者会見で「国際法に反する形で適用されることがあってはならない」と指摘している。

「国際法に反する」とはどういうことか。

それは、武器使用の権限を拡大するなどした中国の「海警法」が、海洋に関する国際慣習法を成文化し、「海の憲法」とも呼ばれる「国連海洋法条約」（ＵＮＣＬＯＳ、１９８２年）に抵触する可能性がある、というのだ。

これはいつもの弱腰外交ではない。国内外の多くの国際法学者が、中国の「海警法」を批判しており、もしや日本が、中国の国際法違反につられて同様のことを行えば、今度は日本が国際社会の批判にさらされることになりかねないのだ。このことに留意しなければならないのである。

中国は「国連海洋法条約」の締結国であるにも関わらず、全く意に介することがない。ここで「相手がルールを無視するのだから、こちらも…」というわけにはいかないだろう。

無法者の中国の土俵に上がれば、「国連海洋法条約」を、日本自ら踏みにじる形となり、国際的信用は地に落ちてしまうことになる恐れがあるのだ。

さはさりながら、海保が現に向かい合っている海警局はすでに準軍事組織になってしまっている。だからこそ自衛隊、特に海上自衛隊とは連携しておかねばならないのである。しかし、ここには一筋縄ではいかない根深い問題があるのだ。

海保の設置根拠である「海上保安庁法」の第25条には、次のようにある。

■「海上保安庁法」第25条の壁

この法律のいかなる規定も海上保安庁又はその職員が軍隊として組織され、訓練され、又は軍隊の機能を営むことを認めるものとこれを解釈してはならない

この規定は創設以来、一言一句、変わっていない。そして、そのまま読めば、非常に悩ましいことが分かるだろう。一部メディアは、この条文を持ち出し、自衛隊との連携を否定する根拠として盛んに宣伝している。自衛隊と海保の一体運用を難しくしている障壁だ。

この条文には、戦後、わが国が独立を回復するまでに歩んだ複雑な歴史が関係している。

そもそも、大東亜戦争の前、海の治安維持は原則として海軍省軍務局が所管していた。

ところが敗戦後の海軍省廃止により、日本近海は警察不在の無法地帯と化してしまう。当然、密輸や密出入国が横行し、占領政策や治安などに悪影響が出始めた。これを受けてGHQが企図したのが、海の治安維持を担う「海上保安庁」の設立だった。

ただ、GHQでは当時、日本の再軍備への懸念を抱くグループが主流派だった。そんな事情もあって、徹底的に牙を抜く象徴として「海保法25条」が盛り込まれたのである。

1948（昭和23）年、海保は運輸省（現国土交通省）の外局として、産声を上げた。軍事的機能の完全排除を求めるGHQにより「軍隊色の排除」が徹底された。旧海軍関係者の採用は原則として禁じられ、装備も小火器中心であった。

ところが、1950（昭和25）年の朝鮮戦争勃発により事態は一変する。「反共の防波堤」として、GHQが日本の再軍備を認める方向で舵を切ったのだ。

同年陸上自衛隊の前身となる「警察予備隊」が創設された。そしてその2年後には、海上自衛隊の前身となる「海上警備隊」が生まれた。海上警備隊は、海保の付属機関という位置づけで発足したが、こちらは「再軍備」を目的としたものだけあって、多数の旧海軍関係者が採用されたのである。

ちなみに、海上警備隊の発足は1952年4月26日で、その2日後、28日にはサンフランシスコ講和条約が発効し、日本が主権を回復した。

日本側に「西側」の一員として、防衛努力を求める米側に対し、吉田茂政権は警察予備隊を「保安隊」に、海上警備隊を「警備隊」に、そして海保などを「海上公安局」にそれぞれ改組した上で、最終的に「保安庁」へと統合しようとする構想で応えようとしていた。

ところが最終的にこの「保安庁」に合流したのは保安隊と警備隊だけだった。

これにより、事実上の陸海軍である保安庁と、海保が別組織として併存する現在の関係が固まった。保安庁は後に防衛庁、そして防衛省へと改編され、現在に至るが、海保は創設以降、「軍事」から自らを遠ざけようとする発想で一貫して活動してきたのである。

■いざ有事には〝連合艦隊〟に

かつて、海上保安庁と自衛隊は〝犬猿の仲〟などと揶揄されたこともあったようだが、現在は同じ海を守る〝防人〟として連携が強化されている。

そして、法制面でも両者を結ぶ補助線が引かれている。

それは次のように規定している「自衛隊法」第80条だ。

特別の必要があると認めるときは、海上保安庁の全部又は一部を防衛大臣の統制下に入れることができる

具体的には、武力攻撃事態の認定下で「防衛出動」が下令された場合だが、海保は防衛相、すなわち自衛隊の統制下に入れることができるのだ。

「統制下」とは、聞きなれない言葉かもしれないが、方向性や枠組みを定めた上で、それに沿う形で行動を調整することを指す。

この自衛隊法第80条の意味するところは、防衛大臣は海保側に全体的な戦略は示すが、具体的な行動の選択は、海保側に委ねるということになる。一般に、軍隊組織では、指揮官・司令官が指揮権を持ち、部隊はその命令に完全に従う。だが、こうした一挙手一投足までの行動を命じる「指揮」と「統制」は異なるものだ。

実はこの規定は、先に触れた「保安隊」、「警備隊」、「海上公安局」を統合する〝幻の保安庁構想〟時の産物なのである。当時から「指揮」ではなく、「統制」という整理がされ

ていたのだ。あくまで、警察権と自衛権は切り分けた上で、両組織を運用するというわけである。

現在の中国の海警局はどうだったか、思い出してもらいたい。「中央軍事委員会の命令」に従う必要があるのだ。このように日中の組織のあり方は、決定的に違うことがおわかりいただけよう。

ただ、この「自衛隊法」第80条は長らく空文化していた。

自衛隊と海保の間には、有事での「統制」という関係が法的には存在していたが、「統制」を行う場合の具体的な手続きや規定などが存在しなかったのだ。「戦後レジーム」にどっぷりと漬かり、軍事を忌諱し、逃げ回っていた戦後の政治環境で、放置されていたのである。

こうした状況が、ようやく改まったのは、令和5年のことだった。

「海上保安庁の統制要領」が策定され、有事の際の具体的な手続きや自衛隊との連携方法が戦後初めて明確化されたのである。これによって、平時は海上警察権を海保が行使しつつ、有事には自衛隊と連携し、事態に対処する体制が法制度的にも裏付けを得たのだ。

国連海洋法条約などの国際法を無視する中国と「同じ穴の狢」になることなく、尖閣諸島を守る法的な基盤が、戦後80年を前にやっと形になったのである。

統制要領は、曖昧だった自衛隊と海保の関係が明確になり、いざ有事には〝連合艦隊〟よろしく一体となって尖閣諸島周辺海域をはじめ、日本の海を守るという宣言ともいえよう。

■海自の定年退官隊員を海保で再雇用！

一般企業や公務員の定年退職年齢はおおむね60歳で、再雇用などの制度で65歳までは働けるというのが一般的だ。

ところが自衛官の定年退官年齢は、階級によって異なるものの、およそ50歳半ばからはじまる。将官は一般企業や公務員と同じ60歳で定年を迎えるが、1佐が58歳、2佐・3佐が57歳、尉官（1尉・2尉・3尉）・准尉・曹長・1曹が56歳、そして2曹・3曹が55歳で定年となっている。働き盛りの隊員らが50代で次の仕事をみつけることになるのだ。

一般企業人やデスクワークの公務員に比べれば格段に体力があり、組織人として優れた資質を持つ自衛官が、国防任務から離れなければならないのである。長年培ったその専門知識を生かせるのは、防衛関連企業に再就職できる一部でしかなく、多くが防衛とは無縁の一般企業に再就職することになるのだ。

こんなもったいないことはない。日本人の儀表ともいえる優れた人材と彼らの培ってきた貴重なノウハウという〝国家の財産〟を、有効に活かすことができないというのは納得がいかない。

体力勝負ではなくなった現代戦の実情をみたとき、まずは自衛官の定年年齢を思い切って5年ずつ伸ばすべきだろう。そうすることで充足率の改善と募集難にも一石を投じることができよう。

とりわけ現場で部隊を動かしてきた有能な下士官（曹クラス）が、55歳・56歳で定年して畑違いの異業種の仕事に就くなんて、国はなんというもったいないことをしているのかと怒りが込み上げてくる。

そこで私案だが、こうした定年退官した海上自衛官に、海上保安庁へ再就職してもらい、再び海の守りに就いていただくというのはいかがだろうか。

海保の定年は一般的な国家公務員に準じており、今後、段階的に65歳まで延長されていくことになろう。したがって海上自衛隊の2曹・3曹が55歳で退官後に海上保安庁に転籍すれば、そこから10年間は働くことができる。海自の船乗りなら海保にとっては即戦力であり、かつ、海上自衛隊とのコミュニケーションが格段に向上して連携任務がスムーズになることは間違いない。

とにかく、海上保安庁も海上自衛隊同様に、少子化の影響を受けて人員確保に苦労しているというから、この海自定年隊員再雇用案は、海上保安庁にとっても大きなメリットがあろう。

そもそも海上保安庁の人員は約1万4000人で、海上自衛隊の現員約4万2000人のおよそ3分の1でしかない。そのわずかな人員で、四面環海の日本の領海警備・港湾警備・海難救助・違法操業や密入国取り締まりなど様々な任務を行なっているのだ。

そして海保の数ある任務の中でも、尖閣諸島周辺警備は手間も緊張感も格別で、かつ危険度の高さは群を抜いている。そんなところへ経験豊富な海自定年隊員が加勢してくれたら、どれほど心強いことだろうか。

棒だ。

■中国海警船の質的向上はたいへんな脅威

また定年退官隊員だけでなく海自退役護衛艦の海上保安庁への転籍ができれば、鬼に金棒だ。

海上保安庁は、その年間予算が約2800億円（令和7年度）で、防衛予算約8兆7000億円（同）の足元にも及ばない。うち、巡視船の建造費など物件費は約1800億円程度でしかない。これは、海上自衛隊のイージス艦「まや」1隻の建造費とほぼ同じであり、この少ない予算内で、各種巡視船・巡視艇・航空機を取得しなければならないのだからたいへんだ。

たとえば海上保安庁は、令和7年度予算で、尖閣領海警備の強化として建造する大型巡視船はわずかに1隻で、その他、全長30メートルの巡視船1隻、小型巡視船2隻、海洋調査用の測量船1隻、そして超大型の3万1000トン・全長200メートルの多目的巡視船1隻を建造する。

ちなみにこの多目的巡視船は、大規模災害時の物資輸送や被災者支援のほか、有事における国民保護などを目的とした海保最大の巡視船なのだ。

このように、尖閣諸島周辺海域の警備強化のため海上保安庁は巡視船を増強しているが、中国海警局の公船の数は、2014年に海保を上回って以降その差は開くばかりなのだ。

2012年時点では、海保の巡視船（1000トン以上のもの）が51隻で、中国海警局の船は40隻だった。ところが2014年には、海保54隻、海警局82隻と大きく抜き去られたのである。その2年後の2016年には、海保62隻に対して海警局はその2倍の126隻の船を保有するに至ったのだ。そして2023年では海保75隻に対して海警局は159隻となっており、その差は開くばかりなのである。

劣勢なのは数だけではない。中国海警船の質的向上はたいへんな脅威となっているのだ。中国海警局は、〝世界最大の巡視船〟を2隻保有している。そしてその戦闘能力は軍艦並みであり、海上保安庁の巡視船ではとても太刀打ちできまい。

「海警2901」と「海警5901」（元海警3901）だ。両艦は、満載排水量約1万2000トン・全長約165メートルで、アメリカ沿岸警備隊のバーソルフ級（基準排水量約3200トン・全長127メートル）よりも大きい。

さらに武装は、駆逐艦の主砲と同じ76ミリ砲1門に加えて30ミリ機関砲2門、14・5ミ

海警5901（出典：ウィキペディア英語版）

リ連装機関銃2基と、これはもはや巡視船ではない。中国海警局は、こんな武装船舶を緊張高まる海域に送り出してきているのだからたまったものではない。

一方海警局は、中国海軍の054型フリゲート「江凱型」（満載排水量3800トン・全長132メートル）の船体をベースに、76ミリ砲1門、30ミリ機関砲2門を備えた重武装の「818型海警船」（満載排水量3900トン・全長134メートル）を6隻建造して、2016年から就役させている。その他3000トン級の新造海警艦艇を、2015年頃から相次いで就役させていることにも注目する必要があろう。

さらに海警局は、あろうことか中国海軍の軍艦を〝巡視船〟として運用しているのだ。「海警3123 9」「海警31240」「海警31241」（満載排水量2200トン・全長121メートル）だ。

これらは、それぞれ中国海軍の「安慶」「淮南」「淮北」で、船体を白色に塗り替えて改名しただけのれっきとした軍艦なのである。

2015年に海軍艦艇から海警局に移管して海警船となるにあたって、主砲の100ミリ機関砲と対潜ロケット砲、対艦ミサイル発射筒、対空ミサイル発射機など重装備を取り外して37ミリ連装機関砲4基だけの武装艦となったが、取り外した重装備などいつでも再搭載することができよう。

こんな脅威が尖閣諸島周辺海域に迫っているのである。

■退役護衛艦の海保への転籍も

こうした脅威に対して、日本は、先に紹介した3万トンクラスの多目的巡視船を建造するのだが、本船は、大規模災害時や有事の住民避難などを目的としたもので大型武器は搭載されない。

海上保安庁は船舶約458隻（2024年11月現在）航空機97機を保有する海の警察

巡視船「れいめい」（出典：ウィキペディア）

だが、このように軍隊組織と化した中国海警局と対峙することが難しくなってきている。

海上保安庁の巡視船は、全船舶のうち147隻で、うち中国海警船に対応できるのはPLH（Patrol vessel Large with Helicopter）「大型ヘリコプター搭載巡視船」20隻と、PL（Patrol vessel Large）「大型巡視船」56隻となる。

ちなみに2020年に就役したPLH最大の「れいめい型」巡視船（総トン数約7300トン・全長150メートル）は、40ミリ機関砲2基、20ミリ多砲身機関砲2基という海保巡視船最強の武装で4隻が就役している。

護衛艦「あぶくま」（出典：海上自衛隊ホームページ）

この巡視船は、これまでの巡視船とは異なり防弾性能は相当強化されているものと思われる。だがこの最強巡視船でも相手が元軍艦となれば話が違ってくる。

そこで、まさしく〝警察比例の原則〟を援用し、海上自衛隊の退役護衛艦を海上保安庁に退職隊員とともに〝再雇用〟させてはいかがだろうか。これは海保にとって即戦力であり、尖閣諸島周辺海域の警備体制を一気に強化することができる。

海上自衛隊護衛艦の寿命はおよそ30年程度。だが艦齢延伸の改修を行えばさらに使える。

たとえば「あぶくま」型護衛艦（満載排水量２９００トン・全長１０９メートル）

を除籍後に海保巡視船として再雇用することを提案したい。

「あぶくま」型は、日本近海や沿岸の防備を目的として1989年から就役を始めた護衛艦で、76ミリ砲1門と個艦防御用20ミリ機関砲（CIWS）1基、ハープーン対艦ミサイル連装発射筒2基、アスロック対潜水艦ミサイル発射基1基、さらに対潜魚雷発射管2基と、対空・対潜・対艦機能を備えている。

現在海上自衛隊は本型艦を6隻保有しているが、2027年度までに全艦が除籍することになっているという。ならばこれを再利用しない手はない。

そもそも本艦の任務が、海保巡視船と同様の近海・沿岸防御であり、しかし強力な武器を搭載しているので中国海警局の76ミリ搭載海警艦には十分対応できる。

対艦ミサイルは取り外すが、ドローン攻撃や万が一の対艦ミサイル攻撃に応戦できる20ミリ機関砲（CIWS）は個艦防御のために必要だ。ちなみに海保巡視船はこうした個艦防御の防空兵器は搭載していない。

そして大いに期待できるのは、護衛艦の持つ対潜水艦探知能力だ。

目下、尖閣周辺海域において海上保安庁の警戒監視の目は洋上に集中している。だが、〝水中からの侵入〟にも警戒を厳とせねばならない。

中国は、潜水艦で特殊部隊あるいは民兵を、闇夜に乗じて尖閣諸島に上陸させ、魚釣島の奈良原岳頂上に五星紅旗を打ち立てることをやりかねないからだ。中国は間違いなくこの手法を用いてくるだろう。

ところが海上保安庁の巡視船は、潜水艦を探知することも、これを阻止することもできないのである。

海保巡視船は、対潜能力も有しておらず、潜水艦による領海侵入にはなす術がないというのが現状なのだ。

そこで潜水艦探知能力を備えた元海自護衛艦の〝「あぶくま」型巡視船〟があれば、中国潜水艦の領海侵入を許さず、万が一のときは攻撃もできる。アスロック対潜ミサイルや対潜魚雷は移籍時に下ろしても、本艦の潜水艦探知能力は大きな抑止力となろう。

また、いまや中国海警局が強力な武装の海警船または元軍艦を繰り出してくる事態となっており、万が一の場合でも、ダメージコントロールを考慮した軍艦構造の船体なら生存性が高まる。

「あぶくま」型護衛艦のほか、「あさぎり」型護衛艦（満載排水量４９００トン・全長１３７メートル）もいずれ退役するので、同様に、対潜・対艦火器を取り外して海上保安庁に移籍させるべきだろう。本艦はヘリコプターを搭載できる格納庫とヘリ甲板を持っているので、海上保安庁巡視船でいえば、ＰＬＨ（大型ヘリコプター搭載巡視船）の任務を遂行できよう。

現下の尖閣諸島周辺海域の厳しい状況を考えるとき、限られた予算と人員確保に苦慮する海上保安庁にとって、即戦力となる退官自衛官と退役護衛艦はなによりの助っ人になるはずだ。

第5章

「日本有事」にどう向き合うか

■〝決意〟を示した安倍氏の安全保障政策

台湾有事は、日本の生存に直結する問題であり、「対岸の火事」ではない。「台湾有事＝日本有事」論は、故・安倍晋三元総理が鳴らした警鐘だ。

２０２１年12月、台湾の民間シンクタンク、国策研究院文教基金会主催のシンポジウムに安倍氏がオンライン参加した時のことだった。

尖閣諸島や与那国島が台湾と地理的に近いことを挙げ、中国による台湾への武力侵攻が「必ず日本の国土に対する重大な危険を引き起こす」として、「台湾有事は日本有事であり、日米同盟の有事でもある。この点の認識を（中国の）習近平主席は断じて見誤るべきではない」と強調したのである。

この時、安倍氏は日本の取るべき道について、「経済力、軍事力を充実させて決意を示すと同時に、理性的に、中国が自国の国益を第一に考えるなら、中台関係には平和しかないと説かねばならない」とも訴えた。

地政学的に日本と台湾は一衣帯水にあり、〝いわば長屋住まいの隣人〟である。だからこそ日本は、中国が台湾に手を出さないよう、経済力と軍事力をさらに高める必要があるのだ。

これを実践したのが故・安倍晋三総理だった。

経済面では、環太平洋経済連携協定（ＴＰＰ）に始まり、「法の支配、航行の自由、自由貿易等の普及・定着」や「経済的繁栄の追求」「平和と安定の確保」を掲げた〝自由で開かれたインド太平洋戦略〟（ＦＯＩＰ）が挙げられよう。

この構想は、「対中包囲網」とはうたっていないが、明らかに膨張する中国に国家連合で対抗しようとする発想だ。「平和を愛する諸国民の公正と信義に信頼して」国家を運営するという戦後憲法の発想、すなわち「戦後レジーム」から脱却しようとした攻めの一手だった。

また、安全保障面でも戦後日本が手付かずで放置していた様々な法整備を進め、抑止力を高めてきた。

「国家安全保障戦略」の策定（２０１３年）に始まり、特定秘密保護法（２０１４年施行）や平和安全法制関連２法（安保関連法、２０１６年施行）などだ。

外交面でも、日米同盟を堅固なものにし、英豪を準同盟国とした。そして同志国などとの関係強化に努めた。

これらはすべてが、中国に対して「日本は本気だぞ。他国を巻き込んででも、武力による現状変更は許さないぞ」というメッセージになっていた。

こうして見ると日本の安全保障にとって、安倍晋三総理の功績がいかに大きかったかがおわかりいただけよう。

■「国家安全保障戦略」で示されたもの

安倍氏の死後には、岸田文雄政権が2022年12月に「国家安全保障戦略」「国家防衛戦略」「防衛力整備計画」のいわゆる「安全保障関連三文書（安保三文書）」を策定した。

この「国家安全保障戦略」では、「戦後最も厳しく複雑な安全保障環境のただ中」という現状認識が示されている。

具体的には次の通りだ。

・我が国は戦後最も厳しく複雑な安全保障環境に直面している。ロシアによるウクライナ侵略により、国際秩序を形作るルールの根幹がいとも簡単に破られた。同様の深刻な事態が、将来、インド太平洋地域、とりわけ東アジアにおいて発生する可能性は排除されない。国際社会では、インド太平洋地域を中心に、歴史的なパワーバランスの変化が生じている

・我が国周辺では、核・ミサイル戦力を含む軍備増強が急速に進展し、力による一方的な現状変更の圧力が高まっている。そして、領域をめぐるグレーゾーン事態、民間の重要インフラ等への国境を越えたサイバー攻撃、偽情報の拡散等を通じた情報戦等が恒常的に生起し、有事と平時の境目はますます曖昧になってきている。さらに、国家安全保障の対象は、経済、技術等、これまで非軍事的とされてきた分野にまで拡大し、軍事と非軍事の分野の境目も曖昧になっている

名指しこそしていないが、中国への警戒感が行間から読み取れる。

第二次安倍政権以降、政府は強い危機感をもって、防衛力整備や外交関係の強化、経済面で着々と手を打ってきた。決して、かつてのような他国の顔色を見ながら進めるというスタンスではない。しかしそれでも手が回っていない領域がある。

本章では、それを批判するというよりも、警鐘を鳴らす意味で、さまざまな指摘や提言を行っていきたい。

まずは台湾有事の際、日本政府が直面する最も現実的な課題の一つが「邦人保護」だ。台湾有事の際、日本政府は自国民を保護し、無事に連れ帰ることができるのか。残念ながらその覚悟があるとは思えないのだ。

■台湾有事時、邦人等の保護措置についての重大な懸念

台湾在住邦人は2万人を超える。

企業駐在員や留学生も多いが、有事となれば、彼らはどうやって脱出するのか。「邦人保護」と口で言うのは簡単だが、具体的な手順や法整備はどうなっているのだろうか。

まずは、邦人を保護し輸送する目的であっても、そもそも自衛隊は台湾に入れるのか、という問題がある。

「自衛隊法」第84条の3にはこうある。

（在外邦人等の保護措置）

防衛大臣は、外務大臣から外国における緊急事態に際して生命又は身体に危害が加えられるおそれがある邦人の警護、救出その他の当該邦人の生命又は身体の保護のための措置（輸送を含む。以下「保護措置」という。）を行うことの依頼があつた場合において、外務大臣と協議し、次の各号のいずれにも該当すると認めるときは、内閣総理大臣の承認を得て、部隊等に当該保護措置を行わせることができる。

一　当該外国の領域の当該保護措置を行う場所において、当該外国の権限ある当局が現に公共の安全と秩序の維持に当たつており、かつ、戦闘行為（国際的な武力紛争の一環として行われる人を殺傷し又は物を破壊する行為をいう。第九十五条の二第一項において同じ。）が行われることがないと認められること。

二　自衛隊が当該保護措置（武器の使用を含む。）を行うことについて、当該外国（国際連合の総会又は安全保障理事会の決議に従つて当該外国において施政を行う機関がある場合にあつては、当該機関）の同意があること。

三　予想される危険に対応して当該保護措置をできる限り円滑かつ安全に行うための部隊等と第一号に規定する当該外国の権限ある当局との間の連携及び協力が確保される

と見込まれること。

だが台湾有事における邦人等の保護措置となると、重大な懸念事項が出てくる。

それは、第2項にある「当該外国の同意」だ。

台湾有事が発生した場合、この条文を前に、日本政府は立ち往生する可能性がある。つまり、同意を得る「当該外国」とはどこか、ということだ。

「そんなものは、台湾に決まっているだろう！」と言いたくなるのだが、これまで日本政府は台湾を「国」として認めていただろうか。

外務省は、日台関係の基本的枠組みとして「台湾との関係は1972年の日中共同声明にあるとおりであり、非政府間の実務関係として維持されている」（外務省ホームページ）としている。

そして共同声明の該当部分は、次のように謳っている。

・日本国政府は、中華人民共和国政府が中国の唯一の合法政府であることを承認する

・中華人民共和国政府は、台湾が中華人民共和国の領土の不可分の一部であることを重ね

て表明する。日本国政府は、この中華人民共和国政府の立場を十分理解し、尊重し、ポツダム宣言第八項に基づく立場を堅持する

補足すると、「ポツダム宣言」第8項とは、『「カイロ宣言」の条項は、履行せらるべく、又日本国の主権は、本州、北海道、九州及び四国並びに吾等の決定する諸小島に局限せらるべし」というものだ。

こうした積み重ねの上で「非政府間の実務関係」という、非常に冷たい言葉が出てきてしまうのである。

誰に邦人保護の「許可」を求めるのか

さて、こうした政府の立場と、「自衛隊法」を照らし合わせてみよう。

予想される台湾有事に際し、日本政府が台湾にいる邦人を保護し、日本に連れ帰ろうとした場合、日本政府はどこに自衛隊派遣の許可を求めるのか―。

これまでの日本政府の台湾に対する認識を踏まえて法令を素直に読めば、中国に、つま

り習近平国家主席に平身低頭、こう願い出るしかなくなるではないか。

「貴国が台湾に軍事侵攻をした結果、生命の危機が迫っている日本国民を救出するため、自衛隊機を派遣して構わないでしょうか」――こんなバカげた話はどこにあろう。

むろん実際にはあり得ないことが、「自衛隊法」を愚直に解釈すればそうせざるを得ないことになろう。

台湾を蹂躙する当事者に、なぜ台湾から同胞を救出する同意を得なければならないのか。理不尽だが、日本政府として台湾を「国」と認めていない以上、自衛隊法上は、そうなってしまうのである。

同意を得る相手は明らかに台湾政府であり、武力攻撃をしかける中国政府ではないことなど誰かが考えてもわかることだ。

だが、「自衛隊法」で〝他国の同意〟などという縛りを入れるために、このようなことになってしまうのである。本来ならば、国は、あらゆる障害を排除して邦人を保護し、無事に連れ帰る責務があるはずなのだ。普通の国ならそうであろう。

この「保護措置」に関する問題提起は、国会でも度々なされている。しかし、政府は次のような木で鼻を括ったような答弁を繰り返しているばかりなのだ。

・あらかじめ予断することは適当でないことから、仮定の御質問にはお答えすることは差し控えます。
・あらゆる事態において適切に対応できるように不断に検討しているところですが、事柄の性質上、その内容については申し上げることは差し控えます。

まったく話にならない。

ちなみに、意外かもしれないが、よく〝親中派〟として批判されることが多い林芳正官房長官は、こうした状況に危機感を抱いている政治家の一人だった。林氏は石破茂氏らと争った昨年の自民党総裁選中、フジテレビ番組でこの問題について次のように述べていた。「法律を超えても（邦人保護を）やる。その後に責任をとって（首相を）辞任する」。その後も、報道各社のインタビューで「何らかの政治責任をとってでも日本人を救わなければならない」などと同趣旨の回答をしている。

現状の中で最大限やれることを考え、たとえ不可能のように感じられても諦めずに自身のクビを差し出してでも、超法規的措置を取る――。

本心ならば、その心意気やよし、である。だが手放しに称賛する気になれない。そもそも問われるべきは、超法規的に対処せざるを得ない現状の構造なのだ。もとより台湾有事という緊急事態下で、邦人保護だけで内閣を吹っ飛ばしてしまうということ自体がおかしいのである。超法規的措置のために腹を括ることも大事だが、本当に手を付けるべきは、こうした制約を強いる構造そのものではないのか。

最終的には、「国の交戦権は、これを認めない」という憲法9条2項の規定に行きつくだろう。ここに縛られている限り、すべての議論は歪み、現実から遊離してしまうのだ。

■自衛官の武器使用に警察官職務執行法？

さらに邦人保護を行うには、常識では理解できない条件がついている。

再び「自衛隊法」第83条の3の第1項を短く紹介する。横線の部分に注目してほしい。

一　当該外国の領域の当該保護措置を行う場所において、当該外国の権限ある当局が現に公共の安全と秩序の維持に当たつており、かつ、戦闘行為が行われることがないと認めらｒれること。

ちょっと待ってもらいたい。そもそも邦人保護は、外国で戦闘行為が行われることが予想されるからこそ、その必要あるのではないのか。この条項が意味するところはつまり、「戦闘が始まれば助けにきてもらえない」ということにほかならない。

さらに邦人保護にあたる自衛官の武器使用の要件は、「自衛隊法」94条の5に、「正当防衛」と「緊急避難」に該当しない場合は、「人に危害を与えてはならない」とある。

（第九十四条の五在外邦人等の保護措置の際の権限）

第八十四条の三第一項の規定により外国の領域において保護措置を行う職務に従事する自衛官は、同項第一号及び第二号のいずれにも該当する場合であつて、その職務を行うに際し、自己若しくは当該保護措置の対象である邦人若しくはその他の保護対象者の生命若しくは身体の防護又はその職務を妨害する行為の排除のためやむを得ない必要があると認める相当の理由があるときは、その事態に応じ合理的に必要と判断される限度で武器を使用することができる。ただし、刑法第三十六条又は第三十七条に該当する場合のほか、人に危害を与えてはならない。

「刑法」第36条は、「正当防衛」、第37条は「緊急避難」を規定している。

つまりこの条項は、「警察官職務執行法」と同様の規定だが、これでは現場の自衛官が任務遂行のための武器使用を躊躇い、有効な保護措置をとれない場面も出てこよう。

海外における紛争に巻き込まれる恐れのある邦人を保護するのに、海外から見れば〝軍隊〟である自衛隊が、「警察官職務執行法」と同様の武器使用の要件を適用されているなどどう考えてもおかしい。

自衛隊が海外で活動し、任務遂行のために武器を使用する際は、国際標準の要件を付与すべきなのである。

■「事態認定」を下せるのか

このように、台湾有事とならば、日本単独で邦人の保護や救出をすることは難しいと言わざるを得ない現状にある。となれば、やはり米軍の力に頼らざるを得ない局面が出てこよう。

台湾有事となって、米軍がなんらかの形で台湾を支援する場合、在沖米軍と第7艦隊が主力となるだろうから、当然日本にはその支援が求められよう。日米安全保障条約について「日本にはアメリカを防衛する義務がない」と不満を表明しているトランプ政権ならば、なおさらだ。

安倍政権下では、限定的な集団的自衛権を可能とする憲法解釈の変更（平成26年7月1日）やそれを踏まえた安保関連法の制定が行われた。

「国の存立を全うし、国民を守るための切れ目のない安全保障法制の整備について」と題した閣議決定文では、「他国に対して発生する武力攻撃であったとしても、その目的、規模、態様等によっては、我が国の存立を脅かすことも現実的に起こりうる」としている。

しかし、現実には国際的に一般的なフルスペックの集団的自衛権が認められたわけではない。あくまで憲法9条2項の規定に手足を縛られた、不十分な集団的自衛権でしかないのである。

安保法制では、武力行使の判断基準や自衛隊の活動範囲について、次の3類型に整理された。

①日本の領土・領海・領空が攻撃された「武力攻撃事態」
②武力攻撃は発生していないが、「日本の存立が脅かされ、国民の生命・自由・幸福追求の権利が根底から覆される明白な危険がある」場合の「存立危機事態」
③日本に対する直接的な武力攻撃はないが、日本の平和と安全に重要な影響を及ぼす「重要影響事態」

このうち、「重要影響事態」の状態では、米軍に対して物資補給、輸送、情報提供といった後方支援活動しか行えず、武力行使は認められていない。集団的自衛権が行使可能なのは「存立危機事態」との認定が行われてからなのだ。

この場合、日米安保条約に基づいて、限定的な集団的自衛権を発動し、米軍との共同作戦も可能となる。

そして人民解放軍が尖閣諸島や与那国島などを攻撃対象にすれば、「武力攻撃事態」と認定できるのだ。そうして、あくまでも専守防衛の範囲内で、自衛隊には「防衛出動」が下命され、個別的自衛権が行使できるのである。

■中国は、日本が全面的に事態に関与する状況をつくるか

さて、ここであえて中国側に立って考えてみたい。

果たして中国は、日本が全面的に事態に関与するような状況をつくるだろうか。あるいは、米軍と自衛隊が即座に一体となって立ち向かってくる状況をつくるだろうか。権謀術数に長けた中国ならば、台湾への侵攻を日本が「重要影響事態」と認定することは避けられないにせよ、「存立危機事態」にまで至らないように、絶妙なラインを狙ってくるだろう。

実際、第4章で紹介したように、尖閣諸島には人民解放軍ではなく、海警局という準軍事組織を展開させ、グレーゾーンの中で、自らに有利な状況を作ろうとしている。

そう考えると中国が、いきなり人民解放軍を投入して尖閣諸島を奪取し、日本に「武力攻撃事態」を宣言させるような行動はせず、圧倒的な数の海警船で尖閣諸島を包囲するなどしてじわりと呑みこんでしまう、食虫植物のような戦術をとる可能性も考えられる。そうなると、どの時点で「存立危機事態」と認定するかの判断が難しくなろう。

もちろん中国は何をしでかすかわからないならず者国家であり、日米同盟に亀裂を入れるために、それを企図した尖閣諸島への進攻は十分にあり得る。

日本政府が軍事的オプションを躊躇いながらも、同盟国アメリカには助けを求める。だがアメリカは、自国の領土を自らが守ろうとしない日本政府に嫌気がさして両国の関係に亀裂が生じることも想像に難くない。

もちろんこの最悪のシナリオは絶対に避けなければならないが、中国はこうした日米同盟の弱点を巧みについてくる可能性が高い。台湾進攻のタイミングを虎視眈々とうかがっている中国にとって堅固な日米同盟は、目の上のタンコブであり、なんとかして事前に潰しておきたいはずだ。

中国による尖閣諸島奪取は、そのための戦術の一環として起こり得よう。

■「日米台トライアングル」の形成へ

いずれにしても中国は、端っから台湾・米国連合に日本が加わること、つまり「日米台トライアングル」で対抗される状況を作るのは得策ではないと考えるはずだ。

だからこそ日本政府は、その規模の大きさにかかわらず台湾有事が起こらば、直ちに「存立危機事態」を宣言し、「日米台トライアングル」で行動する必要があるのだ。

その意味で、日本政府による「事態認定」は非常に重要になる。認定した事態によって、行動範囲と行動内容が大きく変わるからだ。

たとえば、重要影響事態下での自衛隊の後方支援は「安全な地域」でしか行えない。台湾有事ではどこが「安全」なのか。さすがに、自衛隊のイラク派遣時の小泉純一郎総理のように「自衛隊が活動する地域は非戦闘地域であり、安全である」などとは強弁できまい。そもそも当時は、「イラク復興支援特別措置法」下での派遣だった。法律名からも分かるように、あくまで戦闘は終結し、復興フェーズであった。実際に弾が飛び交う「有事」とは次元が違う。

「存立危機事態」がなかなか認定できず、「日米台トライアングル」の形成が遅れれば、軍事的にも心理的にも大きなマイナスとなろう。

隣家が火事で、まさに自宅に火の粉が降りかかろうとしている時に、「私どもは支援に回ります。隣町から駆けつけてくれた消防隊のための支援を頑張りますので、よろしくお願いします」なんて間抜けな物言いが許されるだろうか。

隣の家が火事になっているのに消火活動に加わらなければ、延焼で自宅が喪失してしまうかもしれない。それに、そのような姿勢はご近所さんの軽蔑を集めて爾後誰からも相手にされなくなるだろう。

事態認定の判断とタイミングは極めて重要なのだ。したがって、どのような場合に「事態認定」を行うか、日ごろから現実に即したシミュレーションを行っておく必要がある。判断の遅れが、それこそ国の存立を危うくすることになりかねないからだ。

だがこのあたりについては、安倍政権時の政府高官経験者からは、「頭の体操」を欠かすことはなかったという趣旨の証言がされている。

しかしどうもそれは、安倍総理と政権を支えた官邸スタッフが、高い危機意識と安全保障感覚をもっていたからではないだろうか。

首相官邸ホームページでは、第2次安倍政権下の平成25年12月以降の国家安全保障会議（NSC）の開催状況が公表されている。

それによると、安倍政権では令和2年の退任まで月あたり3回（計243回）だったのが、菅義偉政権では同2・07回（計27回）、岸田政権では同2・05回（計74回）と3分の2程度の頻度に落ち込み、なんと石破茂政権では同1・6回（計8回、令和7年2月5日まで）と半減しているのである。

もちろん、ＮＳＣの回数が全てだとは言わない。しかし、ＮＳＣですらこの状態だから、いわんや、事態認定のシミュレーションをやである。

こうした数字から、現政権の〝本気度〟を疑ってしまうのは決して私だけではないだろう。

■なぜ自衛隊機が下地島空港を使えないのか？

もっとも希薄な安全保障感覚は、日本社会にすっかり定着しており、「有事への備え」を忌避する風潮を生んでいる。

そこで沖縄県内のある空港を巡る問題を考えたい。

沖縄県宮古島市には、３０００メートル級の滑走路を持つ立派な空港がある。空港法上の「地方管理空港」に位置づけられ、沖縄県が管理・運営する「みやこ下地島空港」だ。那覇空港よりも約３００キロ南西に位置する下地島空港は、台湾本島まで同じく３００キロ程度の距離にある。つまり那覇と台湾の中間地点に位置する戦略的にも重要な空港なのだ。

元々この空港は、昭和40年代に民間航空機パイロットの訓練用に整備された。

当時、国内にはジェットパイロットの訓練飛行場が存在せず、航空各社はわざわざアメリカに派遣して訓練を行っていた。こうしたこともあって整備計画が持ち上がったのである。

滑走路は、那覇空港と同じ3000メートルの長さがあり、新千歳（北海道）、成田（千葉、最長4000メートル）、羽田（東京）、関西国際（大阪、最長4000メートル）、福岡（福岡）など20カ所程度の主要な空港と同等の規模なのだ。実はこの滑走路長が安全保障上の観点からは、たいへん重要なのである。

というのも、戦闘機や輸送機が安全に離着陸するためには、最低でも2500メートルの滑走路が必要であり、下地島空港ならばすべての自衛隊機の離発着が可能なのだ。

もちろん、那覇空港には航空自衛隊の那覇基地があり、第9航空団所属のF―15J／DJ戦闘機がこの周辺空域の防空任務に就いている。だが、いかんせん那覇空港は、いわゆる軍民共用空港であり、もし万が一、民航機が事故を起こして滑走路が使えなくなると、航空自衛隊機の離発着にも影響が出ることはいうまでもない。

したがって理想は、米軍横田基地に府中の航空自衛隊航空総隊司令部が移転したように、米軍嘉手納基地に空自第9航空団を移駐させるのが最善策であろう。あるいは第9航空団隷下の1個飛行隊を分散配置するのも良いかもしれない。ところが、米軍嘉手納基地にはそのようなスペースがないという。

そこで、下地島空港に空自機が展開できれば、まさに〝前方展開〟することになり、いち早く中国軍機を追い払うことができる。ちなみに下地島空港は、民航機の離発着が1日5便程度で空自機の運用に支障をきたすことはないだろう。

ところが下地島空港は、緊急時を除き、軍用機の着陸は許されていないのだ。

それは、沖縄返還前後に交わされた2つの文書が呪縛となっている。

その一つは、「屋良覚書」だ。文書名は返還前の琉球政府の屋良朝苗・行政主席の名前から採っている。

昭和46年、琉球政府は日本政府との協議で、下地島飛行場（当時の名称）について、次のような内容を確認した。

・下地島飛行場は、琉球政府が所有および管理を行い、使用方法は管理者である琉球政府が決定する。

・日本国運輸省は航空訓練と民間航空以外に使用する目的はなく、これ以外の目的に使用することを琉球政府に命令するいかなる法令上の根拠も持たない。

・ただし、緊急時や万が一の事態のときはその限りでない。

この「覚書」を交わした背景には、下地島飛行場の誘致を巡って、伊良部町（現・宮古島市）内の意見が二分し両者の対立を生んだ経緯がある。要するにこの「覚書」は「飛行場建設は認めるが、軍事利用はさせない」という政治的妥協の産物だったのだ。

また、沖縄返還後の昭和54年には、西銘順治県知事（当時）が、「人命救助、緊急避難等特にやむを得ない事情のある場合を除いて、民間航空機に使用させる方針で管理運営するものとする」との確認を政府に求めた。

この時、政府は「第一義的には設置管理者たる沖縄県が決める問題」と回答したのだった。この一連のやり取りは「西銘確認書」と呼ばれ、「屋良覚書」とともに、現在まで下地島空港を縛っているのである。

もちろん、こうした状況を改善しようとする動きはあった。

平成13年には、伊良部町が「屋良覚書」の見直しを自民党沖縄県連に要望し、同17年には町議会が自衛隊訓練誘致を決議した。しかし、〝住民〟の反対で撤回に追い込まれたのである。

平成24年には、尖閣諸島周辺の領空を侵犯した中国国家海洋局（当時）所属のY―12に対し、那覇空港からスクランブル発進したF―15戦闘機の現着が間に合わなかったことがあった。これに対し、防衛省が下地島空港への戦闘機常駐を検討したこともあったとされる。しかし、平成25年1月、地元紙の沖縄タイムスがこの構想をスクープし、「屋良覚書」や「西銘確認書」を持ち出して強烈な反対キャンペーンを展開し、立ち消えになった経緯がある。

自衛隊にさえ使用を認めないのだから、当然、米軍などもってのほかということになろう。

令和5年1月、沖縄駐留の米海兵隊が、人道支援や災害救援能力の向上を目的に、県に空港の使用を届け出た。しかし、玉城デニー知事は自粛要請という事実上の拒否姿勢を示し、その結果、訓練の実施は見送られたのだった。

いつまで時代遅れの〝軍隊忌避〟に憑りつかれているのかと言いたいが、残念ながらこれが沖縄の現状なのである。

■下地島空港への空自戦闘機配備のメリット

当然、日本政府や与党・自民党も、決して無為無策で手をこまねいているわけではない。令和2年、自民党国防議員連盟は、自衛隊による下地島空港使用を求める提言を政府に提出した。

そして議連メンバーは令和5年1月に下地島空港を視察している。この時、議連事務局長の佐藤正久参議院議員は、自身のSNSに、ひび割れをするなど老朽化が目立つ空港施設の写真を投稿し、「県管理ではなく国管理にしたら国民保護や観光含め活用の幅が増えて、維持整備も容易かと」と投稿した。もっともな指摘である。

また、先の沖縄県による米軍の〝訓練拒否〟を受け、浜田靖一防衛相（当時）は「常にあらゆる空港に降りていることが、その空港を利用する際には大変無駄なく、危険を回避しながら対応できると考えている」と述べ、自衛隊を含め、下地島空港での訓練の必要性を強調していた。現在の中谷元防衛相も、この問題に非常に関心を寄せているという。

これは冷静に考えれば当然のことなのだ。

南西方面の防空を担う那覇基地の滑走路は、先にも述べたように軍民共用である。あくまでも想定のケースだが、那覇空港に乗り入れる中国系航空会社が作為的に機体の不具合を引き起こし、あるいはタイヤをパンクさせるなどして、滑走路を塞げばどうなるか。そしてそのタイミングで、中国軍機が日本近海で怪しい動きを見せたとしたらどうなるだろう。もしそんなことが起きれば、南西方面の防空能力は一気に失われることになろう。

果たしてこの想定は、荒唐無稽な妄想だろうか。

中国には「国防動員法」があることを忘れてはならない。２０１０年から施行されたこの法律は、中国政府が「有事」と考えれば、中国国内の外国企業も含む民間企業および中国国籍を保持する個人、さらには海外在住者をも動員できるようになっているのだ。

もしやこの国防動員法が発動され、中国の民航機が那覇空港滑走路の真ん中で故意に立ち往生すれば万事休す。

こうしたことからも下地島空港への空自戦闘機部隊の分散配置を検討すべきなのだ。

なにより沖縄本島よりも西に位置する下地島空港で対領空侵犯措置を行えば、より早く中国軍機に対応することができるという防空上のメリットを先ずは優先して考えるべきだろう。

■領空侵犯機への毅然とした防空体制の構築

航空自衛隊は、日本の領空を侵犯、あるいは侵犯する恐れのある国籍不明機を監視・警戒、警告を発し、領空から退去させる対領空侵犯措置という任務を担っている。

全国に配置された戦闘航空団では、常時4人のパイロットを「アラート」と呼ばれる24時間態勢の警戒待機に就け、国籍不明機が日本の防空識別圏に進入するや、5分以内に2機の戦闘機が緊急発進できる態勢を敷いている。

現在、中国軍機に対するスクランブルの回数は年々増加しており、その主な目的は日本の防空体制の情報収集なのだ。どれほど日本領空に近づけば、自衛隊がどのような電波を出し、空自機がどれくらいの時間で離陸してくるかなど、対日戦に備えた各種情報を収集しているのである。実に物騒な話だが、これが現実なのだ。

ただし、この対領空侵犯措置には大きな問題がある。

現行の自衛隊法では、領空侵犯機に対して、「強制着陸」か「強制退去」という措置しか認められておらず、「警告に応じない場合は、領空侵犯機を撃墜することができる」などという条文はどこにもないのだ。

なんと対領空侵犯措置任務にあたる航空自衛隊戦闘機に対して、ここでもまた「警察官職務執行法」と同じ規定が適用され、「正当防衛」か「緊急避難」でしか武器を使用できないのである。となれば、中国の領空侵犯機にしてみれば、領空侵犯しても、自分から攻撃を仕掛けなければ撃墜される心配はなく、最悪でも強制着陸で済むから命の危険はないということになる。

だから領空侵犯が繰り返されるのである。

したがって、警告や強制措置に従わない領空侵犯機に対しては〝撃墜〟も辞さない毅然とした防空体制の構築が必要なのだ。実は、そうした断固たる姿勢こそが、領空侵犯を防ぐ最善策なのである。

とにかく近年の中国軍機に対する緊急発進回数は急増している。

２００９年に38回だった年間の緊急発進回数は、２０１６年には８５１回と約22倍になり、これをピークとして以降2023年まで平均約612回を記録している。これは1日平均約1・7回という計算になり、アラート待機するパイロットも整備員も疲労困憊だ。

さらに言えば、スクランブル発進は毎回2機で上がるので戦闘機の燃料費もばかにならないものになっている。

こうした実情を踏まえ、もしや那覇基地のアラート待機の戦闘機がなんらかの事由で発進できなかったら、中国の先制攻撃を許してしまう事になろう。だからこそ、より中国大陸に近い下地島空港からスクランブル発進して、沖縄本島からより遠い空域で中国軍機を追い払うことが最も効果的な対領空侵犯措置となるのだ。

このところ、中国軍機は、沖縄本島と宮古島間の空域を通過する動きを活発化させており、軍用機の種類も情報収集機や爆撃機までも繰り出してきている。こうしたことからも宮古島のダブル離島にある下地島空港への空自戦闘機部隊の前進配置は、中国軍機に対する大きな牽制力ともなろう。

■「特定利用空港・港湾」の指定と整備が始まった

有事に備え、全国各地の空港や港湾の整備が始まった。

令和6年4月、政府は「特定利用空港・港湾」の指定を行った。空港では那覇、宮崎、長崎、福江、北九州空港の5カ所を、港湾では石垣、博多、高知、須崎、宿毛湾、高松、室蘭、釧路、留萌、苫小牧、石狩湾新港の11カ所が対象となった。南西方面が中心なのは当然だが、太平洋に面した四国や、陸上自衛隊の部隊や演習場が多い北海道があることも意義深い。

令和6年8月には、さらに3空港、9港湾が新たに指定され、現在は8空港、20港湾体制となっている。

基本的に民間が中心に利用する現状は変えないが、滑走路の延伸や岸壁の拡張を進める考えだ。この時、林官房長官(当時)は「自衛隊、海上保安庁が訓練などで円滑に公共インフラを利用できるようにすることは国民保護や部隊の展開、災害時の対応などに資する」とその意義を強調した。

ところが情けないのは、メディアの恥ずかしいまでの安全保障感覚だ。

記者会見では「軍事拠点とみなされ、攻撃目標となるリスクがある」などと質問が出た。「攻撃されるのが怖いから、備えを強めるな」という物言いは、利敵行為と言ってもよかろう。

だがそうした声を気にすることなく粛々と指定に踏み切った当時の日本政府の姿勢は正しい。

空港法や港湾法を所管する国土交通省も、防衛省や空港・港の管理者との間で整備方針などを調整する枠組みを主導する考えを示し、具体的な投資を進めていく考えだ。

今後も「特定利用空港・港湾」の指定はさらに増やしていく方針で、あわせて7年度からは自衛隊の駐屯地とのアクセス向上を目的とした道路整備などにも予算を投じていくという。このようにあらゆる空港や港湾も、国防や災害のための拠点として使えるようにしておくことは国家として当然のことなのだ。

ちなみに沖縄本島および周辺離島は、大小合わせて17の空港がある。その中で、戦闘機や大型機が離着陸できる3000メートル級の滑走路をもつ空港は、沖縄本島の那覇空港と米軍嘉手納基地、米軍普天間基地と、下地島空港の4つだけ。

そして航空自衛隊のC―2輸送機が離発着できる2000メートル級の滑走路を持っているのは、石垣島・宮古島・与那国島・久米島・奄美大島・徳之島の6つの空港だ。

残りの喜界島・沖永良部島・北大東島・南大東島・伊江島・粟国島・外地島・多良間島・波照間島の飛行場は、固定翼の軍用機が離発着できない2000メートル未満の滑走路しかもっていない。

だがもしや台湾有事が起きた場合、あらゆる自衛隊機が離発着できるよう、可能なかぎりすべての空港の拡張工事を行っておく必要があろう。

これは、作戦行動を行う自衛隊機と米軍機の緊急対応のためであると同時に、島民の島外への迅速な避難のためなのだ。

■中国軍機による初めての領空侵犯

2024年8月、中国人民解放軍の情報収集機「Y―9」が長崎県五島市の男女群島付近で日本領空を約2分間にわたり侵犯した。

これは防衛省が確認した中国軍機による初めての領空侵犯だった。

この時は新田原基地（宮崎）と築城基地（福岡）からスクランブル発進した空自戦闘機が中国軍機に警告を発しているが、このように中国軍機が九州方面に飛来して、かつ領空侵犯したことは大きな衝撃であった。というのも、この領空侵犯事件は、中国軍の台湾有事に備えた事前の情報収集であり、つまり台湾有事が迫っていることを暗示する出来事だったからである。

ところが当時の岸田政権は相変わらずの能天気ぶりで、怒りがこみ上げてきた。

林官房長官（当時）は「強い関心をもって注視し、警戒監視と対領空侵犯措置に万全を期す」という主旨のコメントを発したが、「注視」することで中国が反省し、二度とこのようなことを起こさないように努めるだろうか。結局のところ、日本政府は無策であることを内外にさらしただけではなかったか。

そして上川外務大臣（当時）などは、「主張すべきは主張し、冷静かつ毅然と対応する」と。上川大臣と外務省は国民をバカにしているのだろうか。中国に対して主張すべきを主張せず、毅然と対応もできないくせに、よくぞこのような無責任なことが言えたものだ。開いた口がふさがらない。

ただただ、閣僚らのこうした空疎な発言と弱腰の対中姿勢に、怒りと苛立ちを覚えたのは、決して私だけではないだろう。

日本政府はいつもながらの〝遺憾砲〟で抗議の意を示したが、この抗議に対し、中国側は「気流の影響を受け、乗組員が一時的な措置を講じた結果、不可抗力で短時間日本の領空に入った」と、苦しい言い訳をした。だが、そんな見え透いた嘘を信じる者はいまい。

実は、領空侵犯以前にも、男女群島周辺では中国の偵察型無人機が確認されていたのだ。近隣には下甑島（鹿児島）と福江島（長崎）に航空自衛隊の警戒管制レーダーが設置されており、こうした動きはしっかりとレーダーで補足されていたはずだ。

とにかくこの二つの怪しい事例を重ねてみれば、意図的な行動だったということがわかる。彼らの目的は、当該空域から約60キロ先にある日米海軍の「佐世保基地」の情報収集だったと言ってよかろう。

■台湾有事に備える佐世保基地

佐世保基地は、東シナ海に睨みをきかす極東でもっとも重要な日米の戦略拠点なのだ。

海上自衛隊はここに、第2護衛隊群を中心として、弾道ミサイル対処能力を備えたイージス艦4隻の他、護衛艦10隻、FFM2隻、ミサイル艇2隻、補給艦2隻、掃海艇3隻、多用途支援艦1隻の20隻を配備しており、沖縄・尖閣諸島に最も近い水上艦艇の基地なのである。

佐世保基地の水上艦艇は、沖縄周辺の南西方面で武力衝突が起きれば急派されることになろう。というのも、意外に知られていないが沖縄本島および周辺離島に海上自衛隊の戦闘艦艇が配備されていないのだ。

もちろん沖縄本島にも海上自衛隊の基地はある。那覇空港に隣接する海上自衛隊那覇航空基地と沖縄基地隊だ。那覇航空隊はP－3C哨戒機からなる第5航空群で、太平洋側の勝連にある沖縄基地隊には第46掃海隊の小さな掃海艇2隻と水中処分隊がいるだけで、護衛艦など戦闘艦艇はまったく配備されていないのである。

そして米海軍は、第7艦隊揚陸部隊の艦艇が佐世保基地に勢ぞろいさせている。

第11水陸両用戦隊のアメリカ級強襲揚陸艦「アメリカ」の他、サン・アントニオ級ドック型輸送揚陸艦「ニューオリンズ」および「サンディエゴ」、さらにホイッドビー・アイランド級ドック型揚陸艦「ラシュモア」が、佐世保を母港としているのだ。

中でもアメリカ級強襲揚陸艦「アメリカ」は世界最大最強の強襲揚陸艦（満載排水量4

F-35BとMV-22を搭載した強襲揚陸艦「アメリカ」（出典：ウィキペディア・コモンズ）

万５５７０トン・全長２５７メートル）で、上陸部隊として海兵隊員約１８００名、艦載機としてＦ—35Ｂ戦闘機最大約20機を搭載することができるまさに準航空母艦なのである。

また海兵隊員を空中機動できるＭＶ—22オスプレイの他、ＡＨ—１Ｚ攻撃ヘリコプターなど、揚陸作戦に応じて様々な航空機を組み合わせて搭載することができる。

なにより驚かされるのは、強襲揚陸艦が実は〝病院船〟でもあるということだ。

かつて私が、佐世保を母港としていた強襲揚陸艦「ボノム・リシャール」（満載排水量４万５００トン・全長２５７メートル／２０２１年除籍）に乗艦したとき、最も驚いたのは同艦には複数の手術室と600床ものベッドが備わっていたことだ。

このとき副司令官から、最も激しい戦闘地域に送り込まれる海兵隊員を治療するためだという説明を受けたが、複数の集中治療室や血液保管庫などあらゆる病院機能を備えたこの戦闘艦艇が羨ましくて仕方なかった。

ちなみに海上自衛隊最大の護衛艦「いずも」型のベッド数が35床であることから、米海軍の強襲揚陸艦が桁外れの病床を備えていることがおわかりいただけよう。

実は、この優れた病院機能を備えた強襲揚陸艦は、アメリカ国内において平時は災害派遣でも大活躍しているというから、海上自衛隊もこの艦種の建造を検討すべきではないだろうか。

そして佐世保基地に2隻配備されたサン・アントニオ級ドック型輸送揚陸艦（満載排水量約2万6000トン・全長208メートル）は、高い輸送能力と揚陸能力を備えた戦闘艦で、上陸部隊として海兵隊員約700名、MV—22オスプレイ2機、LCACエア・クッション艇2隻の他、水陸両用装甲兵員輸送車AAV—7など多数の戦闘車両を搭載し、上陸部隊を最前線に送り込むことができる。

さらにホイッドビー・アイランド級ドック型揚陸艦「ラシュモア」（満載排水量約1万

6000トン・全長約186メートル）もまた、上陸部隊の海兵隊員を約400名、LCACエア・クッション艇や多数のAAV―7を搭載することができる。

このように佐世保基地を母港とする米海軍艦艇は、いずれもが海兵隊の上陸戦闘を支援するための強力な戦闘艦艇で、虎視眈々と台湾進攻の時期を伺い増強を続ける中国人民解放軍に睨みを効かせる大きな牽制力なのだ。

したがって中国は、横須賀の原子力空母「ジョージ・ワシントン」と共に、この佐世保に所在する強襲揚陸艦「アメリカ」をはじめとする揚陸艦艇の動向に神経を尖らせているのである。

日本政府の閣僚をはじめ与野党の政治家には、こうした軍事知識をしっかり身に着けて中国の動きを正確に判断し、その上で対中外交を展開していただきたいものだ。

第6章

日本は何をするべきか

「動的防衛力構想」という発想

我が国に対する軍事的脅威に直接対抗するよりも、自らが力の空白となって我が国周辺地域における不安定要因とならないよう、独立国としての必要最小限の基盤的な防衛力を保有する。

かつて「基盤的防衛力構想」という考えが、長年、日本の防衛力向上を縛っていた。これは、昭和51年10月に閣議決定された「防衛計画の大綱」(51大綱)で提示されたものだ。

「そのときどきにおける経済財政事情等を勘案し、国の他の諸施策との調和を図りつつ」(51大綱の六、「防衛力整備実施上の方針及び留廉事項」)予算編成を行おうとする発想は、同年11月の「防衛費の国民総生産(GNP)1%枠」の決定とも相まって、防衛予算が低水準で推移する原因を作ったと言ってよかろう。

「基盤的防衛力構想」は「専守防衛」という戦後レジームとも、非常に相性が良かった。

その後、平成7年に閣議決定された「平成8年度以降に係る防衛計画の大綱」(07大綱)では、51大綱を「平成7年度限りで廃止する」とした。しかし、結局のところ、文書は消えたがその理念はしつこく引き継がれた感がある。

「基盤的防衛力構想」の軛を完全に脱するのは、安倍晋三政権下の平成22年に閣議決定された「平成23年度以降に係る防衛計画の大綱」(22大綱)を待たなければならなかった。

この大綱は画期的で、国際情勢の捉え方が根本的に異っていた。

かつて51大綱では次のようになっていた。


核相互抑止を含む軍事均衡や各般の国際関係安定化の努力により、東西間の全面的軍事衝突又はこれを引き起こすおそれのある大規模な武力紛争が生起する可能性は少ない。また、わが国周辺においては、限定的な武力紛争が生起する可能性を否定することはできないが、大国間の均衡的関係及び日米安全保障体制の存在が国際関係の安定維持及びわが国に対する本格的侵略の防止に大きな役割を果たし続けるものと考えられる。

これに対して、22大綱は次のように踏み込んだ。

民族・宗教対立等による地域紛争に加え、領土や主権、経済権益等をめぐり、武力紛争には至らないような対立や紛争、言わばグレーゾーンの紛争は増加する傾向にある。…（中略）…北朝鮮は、大量破壊兵器や弾道ミサイルの開発、配備、拡散等を継続するとともに、大規模な特殊部隊を保持しているほか、朝鮮半島において軍事的な挑発行動を繰り返している。北朝鮮のこのような軍事的な動きは、我が国を含む地域の安全保障における喫緊かつ重大な不安定要因であるとともに、国際的な拡散防止の努力に対する深刻な課題となっている。…（中略）…中国は国防費を継続的に増加し、核・ミサイル戦力や海・空軍を中心とした軍事力の広範かつ急速な近代化を進め、戦力を遠方に投射する能力の強化に取り組んでいるほか、周辺海域において活動を拡大・活発化させており、このような動向は、中国の軍事や安全保障に関する透明性の不足とあいまって、地域・国際社会の懸念事項となっている。

その上で、「基盤的防衛力構想」に代わって示したのが、「動的防衛力構想」という発想だった。

具体的には、情報収集・警戒監視・偵察能力の向上や機動展開力の向上、統合運用の推進、日米同盟の強化などを行うという、これまでの〝受動的防衛〟からの大転換となった。平和安全法制をはじめ、安倍政権下で進んだ諸々の法整備や、その後の菅義偉、岸田文雄両政権の防衛政策も、源泉はこの22大綱にある。そして、〝積極的防衛力整備〟と評価できる一連の施策には、当然、相応の予算措置が欠かせない。岸田政権下で形にした「防衛費の対国内総生産（ＧＤＰ）比２％」がこれにあたろう。

■「防衛費2%」の是非

これまでの「１％枠」を倍増させるというのだから、ひとまず歓迎すべきではある。だが、この「２％」という数字には、どのような根拠があるのだろうか。

たとえば、よく言われるのはＮＡＴＯ（北大西洋条約機構）諸国と同水準というものだ。あるいは、ストックホルム国際平和研究所（ＳＩＰＲＩ）がまとめた世界各国の平均値も２・２％（２０２２年）で、おおむねこれと一致する。

やっと世界標準値に近づけたわけだが、果たしてそれで安心していいのだろうか。

確かに「専守防衛」と結びついた「基盤的防衛力構想」の下、軍事的合理性を度外視し、お花畑的に被せられた「1％ありき」というキャップは愚かだった。しかし、それを脱してもまた「2％ありき」だとしたら、決して誉められまい。

歳出の増大を抑制する目的で財務省から概算要求額の上限枠（シーリング）が示される。これは、確かに野放図な予算膨張を抑える意味で必要ではあろう。だが、国の生存と国民の生命にかかわる防衛予算をも、こうした「シーリングありき」で進めて良いのか。

本来あるべき防衛予算の編成は、積み上げ式だろう。

国防予算は、我が国を守るためには、どのような部隊がどれだけ必要か。そしてそのためにはどんな装備とどれだけの人員が必要かなどを、積み上げて算出されるべきものなのだ。

もちろん政府が、日本を取り巻く厳しい安全保障環境に対応してGDP比2％を打ち出したことはそれなりに評価するが、軍事的合理性に裏打ちされた数字ではない。

だが、またしても〝シーリングありき〟にはならないだろうかが心配なのだ。

日本を取り巻く安全保障環境は厳しさを増しており、来年、いや明日にでも状況が変わるかもしれない。そんなときに、すでに決めたシーリングだから2％以上の支出は認められないなどということになることを危惧しているのである。

状況の変化への柔軟な対応ができなければ、国家存立の危機にもつながりかねないのだ。

装備計画に沿って継続調達している装備品でも、致命的な不具合や実戦における実証から、爾後の調達計画を取りやめて品目の変更を余儀なくされることもあろう。

また安全保障環境の急激な変化にこれまでの装備品では対応できないと判断された場合は、軍事的合理性に基づいて予算増を可能にできるようにしておく必要があるのだ。

■国防は〝国家最大の福祉〟なり

膨張する社会保障費の削減は、新年度予算を巡る国会論戦で毎年、激しいやり取りが繰り広げられている。

令和7年度予算案を審議した通常国会では、入院などで医療費が高額になった患者の自己負担を一定に抑える「高額療養費制度」の負担引き上げが焦点だった。

元々は岸田政権下の令和5年12月、「こども未来戦略」の決定にあたり、財源捻出策の一つとして検討が進められていたものだった。ただ、実際にそれを打ち出した石破茂政権には厳しい批判が集中した。「高額療養費制度」の改革に関する是非はさておき、福祉や社会保障政策への国民的関心の高さが改めて示されたのである。

年金制度や国民皆保険制度などの行方は、すべての世代の日本人にとって、生活や人生設計を左右する重要な課題だ。

こういった命を守る医療費の問題には、多くの国民が高い関心を寄せ議論白熱するが、なぜか同じく国民の命を守るための国防の予算問題には関心を示さないばかりか、むしろ否定的な意見が幅を利かせる。まったくもって不思議でならない。

だが考えていただきたい。

国防こそ、国家が国民に提供する最大の福祉だ、ということを。

我々が日々、安心して生活し、自由に経済活動を行い、未来を築けるのは、日本が平和だからである。いうまでもないが、国防がそれらを支えているのだ。

そもそも、古今東西、国家の存在理由は、国民の生命と財産を守ることに尽きる。いかに優れた経済政策や社会保障制度が整っていても、安全保障が崩れれば、すべてが水泡に帰す。治安が悪化し、戦争の脅威が高まれば、企業は投資を控え、雇用は失われ、のだ。

生活は困窮するだろう。その意味で、国防は〝福祉の一丁目一番地〟であり、すべての福祉政策の前提だ。福祉と国防は対立概念ではない。むしろ、「国防なくして福祉なし」なのだ。

ウクライナが良い例だろう。ロシアによる侵略で街や集落が破壊され、多くの人命が失われた。今、ウクライナ人に問えば、「社会保障制度」ではなく「安全」こそ、最も必要としているものだと答えるだろう。

経済成長も、社会福祉も、教育の充実も、すべては「安全」が確保されているからこそ成り立つ。戦火に晒された国では充実した福祉など提供できないのだ。

これは日本にとっても他人事ではない。

政府が言い出した「防衛費の対GDP比2％のために増税が必要だ」という、いわゆる〝防衛増税〟の議論など本末転倒甚だしい。

そもそもプライオリティーが逆なのだ。年度予算を組むとき、国民の生命を守る防衛予算は最優先事項であり、そのあとから他の予算を積むべきではないだろうか。

もとより日本の防衛費は先進国の中では依然として低水準であり、無人機や長射程ミサイルの導入、サイバーディフェンス対策に加え、後述するように自衛官の待遇を改善させせていくことなどを考えれば、とても2%では不十分だろう。

その意味で、第一次トランプ政権で国防副次官補を務め、第二次政権で国防次官に指名されたエルブリッジ・コルビー氏の主張は荒唐無稽ではない。むしろ、言われてからやるのではなく、日本の判断として積み増すべきなのだ。

したがって〝防衛増税〟の実相は、「増税するために防衛費を人質にとっている」ということなのである。

繰り返すが、まずは防衛予算、その上で社会保障政策や、教育、インフラ投資といった他分野に振り向けていくべきなのだ。それで財源が不足するのであれば、歳出削減や国債の発行などを検討したらよいのではないだろうか。

たとえ最終的に増税が不可避だとしても、「防衛増税」となどという姑息な名称を使うべきではない。

■自衛官の給与を倍増せよ

「国防なくして福祉なし」であるから、現代戦で戦える優秀な装備品の取得は不可欠だ。

だが、どれだけ装備品が高性能であっても、運用する防人がいなければ宝の持ち腐れである。

いま、自衛隊は人員不足という問題に直面している。

令和5年度、自衛官の採用想定人数に対する充足率は過去最低の51%だった。陸海空自衛隊の同年度末時点での定員は24万7154人だが、現員は22万3511人で充足率は約90%だ。特に、任期制自衛官である「士長、1士、2士」は、5万4116人の定員に対し、現員3万6684人で充足率は約68%と深刻な状況にある。

やはり少子化の影響が大きく、また民間企業が好条件で採用枠を増やしていることも、こうした自衛隊の人員不足に関係しているようだ。

政府は「自衛隊員の処遇改善や福利厚生に関する経費」を年々積み増して、なんとか現状を打開しようと懸命に取り組んでいる。そのための経費は、令和3年度予算案では約879億円だったのが、令和6年度予算案では3873億円と4倍近くになっている。また、各種手当などの見直しも始まっている。

ただ、長年の官民格差、あるいは自衛隊生活への風評を転換させることは容易ではない。自衛官という崇高な使命感をもって働いている人々に対していささか失礼な話かもしれないが、彼らに敬意と感謝の念を持っているからこそ、給与面や処遇の抜本的改善を訴えているのである。

私はこれまで様々なメディアで、自衛官の給与を〝倍増〟し、他の公務員や民間企業が羨むほどの待遇をすべきだと訴えてきた。

そうすることで優秀な人材が集まり、募集難は一気に解消できるからである。またそれは、国家の自衛官への敬意と感謝の表意となろう。

そしてもう一つは、国家の自衛官に対する感謝の意を示す「恩給」の実現だ。

米軍では、20年以上の勤務で、退役時点から現役時の給与額に応じた給付を受けられる。そのほかにも、退役軍人向けの医療サービスなども提供される。これを自衛官に適用すべきなのだ。

なぜそこまで厚遇しないといけないのか。

それは、すべての自衛官は任官時に「事に臨んでは危険を顧みず、身をもって責務の完遂に務め、もって国民の負託に応える」という「服務の宣誓」を行っているからである。「身をもって」国家に尽くした自衛官に対して、国が最大限の待遇で報いることは当然ではないだろうか。

また、そういった公的な取り組みとは別に、社会全体で報いる姿勢も大切だ。諸外国の空港では、軍関係者が優先搭乗を案内される場面に出くわすことも珍しくない。日本もこれに倣って自衛官の航空機への優先搭乗を検討すべきであろう。

こうした待遇の向上は、いずれも人的リソースの確保につながり、その結果として抑止力が向上するのである。

国家が自衛官に与えるべきは名誉と誇りなのだ。

■「防災庁」はまったく必要ない

石破政権が「防災庁」の創設を唱えている。

なるほど日本は地震や台風、水害など一年を通して大きな自然災害が多発しており、防災対応能力の向上は必要なのだが、果たしてこの「防災庁」なるものは必要なのだろうか。

災害対応にあたる組織は、自衛隊を筆頭に、消防、警察、海上保安庁となろう。

中でも最も頼りになる自衛隊の災害派遣は、「自衛隊法」第83条に定めるように、基本的には都道府県知事などから防衛大臣に要請に基づいて行われる。ただし、緊急の場合は、地方自治体の首長からの派遣要請がなくても災害派遣が行われるようになっている。

自衛隊法第83条（災害派遣）

1　都道府県知事その他政令で定める者は、天災地変その他の災害に際して、人命又は財産の保護のため必要があると認める場合には、部隊等の派遣を防衛大臣又はその指定する者に要請することができる。

2　防衛大臣又はその指定する者は、前項の要請があり、事態やむを得ないと認める場合には、部隊等を救援のため派遣することができる。ただし、天災地変その他の災害に際し、その事態に照らし特に緊急を要し、前項の要請を待ついとまがないと認められるときは、同項の要請を待たないで、部隊等を派遣することができる。

私は、これまで東日本大震災をはじめ、熊本地震などの災害派遣現場を取材してきたが、どの現場でも、主力は自衛隊だった。もちろん消防や警察も現場で活動していたが、やはり大規模に、そして組織的に活動していたのは自衛隊であった。

これは現場に足を踏み入れればわかることだが、テントを張って自炊自活できる自衛隊の自己完結力は見事であり、この点が消防や警察とは大きく異なる。それでも災害派遣現場では、自衛隊・消防・警察は見事に連携し、それぞれの分野で精力的に活動していたことが印象的だった。

断っておくが、これは決して消防や警察の災害派遣活動にケチをつけているのではない。多岐にわたる災害派遣活動ではどうしても組織によって限界があることを紹介しているのである。

そんな中で「防災庁」創設の話が浮上しているが、私はこれまでの取材経験からその必要はまったくないと考える。

災害派遣については、最大多数の自衛隊の統制下で、警察と消防などがそれぞれの得意分野で活動すればよいのだ。自衛隊は、短時間で災害派遣現場の全体像を把握できるうえ、輸送力と悪路の走破性が高く、海上および空中機動力を持っている。さらに前述のとおり、テントを張って自炊自活する自己完結力がある。したがって自衛隊に、現場の警察・消防の指揮統制権を付与すればよいのだ。

「防災庁」なるものは、南海トラフ巨大地震といった自然災害への対応を意識しているのかもしれないが、同時に、「台湾有事（＝日本有事）」をはじめ、南西諸島方面での軍事衝突も想定し、防衛省の指揮下に海保・警察・消防を組み込み、一元的な統制体制を構築する方にリソースを割くべきではないだろうか。

必要なのは官僚機構の肥大化ではない。既存組織を防衛省の指揮下に置いて、実効性のある危機管理体制を構築すべきではないだろうか。

■日本版「台湾旅行法」を急げ！

迫る台湾有事に備え、日本政府は一日も早く台湾との公式交流を始めるべきである。

令和5年には台湾との窓口機関「日本台湾交流協会」の台北事務所に、現役防衛省職員を休職扱いにした上で常駐させるなど、手は打ち始めている。しかし、この職員はいわゆる「制服組」ではなく、防衛官僚、つまり「背広組」なのだ。そのため現役の制服組を送るべきだという意見もあったようだが、最終的には見送られた。制服組は未だに退役したOBしか、事務所に常駐していないというのが実情なのだ。

ところがこのほど台湾政府は、かつて自衛隊制服組トップを務めた岩崎茂・元統合幕僚長を行政院政務顧問に任命するなど、これまでにない大きな動きがでてきたのである。

それに比べて、日本政府はいったいいつまで中国の顔色を窺い続けるのか。

そこで参考とすべきは、第一次トランプ政権が2018年に成立させた「台湾旅行法」だ。第1章でも触れたが、「台湾旅行法」は米台間の政府間交流に法的根拠を与えるもので、台湾政府高官の訪米も公式に認めた法律なのである。さらに言えば、これは実質的に国交の再樹立に等しいのだ。

もしや日本版「台湾旅行法」があればどうなるだろうか。

現在のように日本台湾交流協会にわざわざ休職扱いで各省庁から職員を派遣するような馬鹿馬鹿しいことをする必要はなくなる。現役の制服組を「防衛駐在官」として置くこともできよう。あるいは、安倍氏の葬儀に際して来日した頼清徳副総統（当時）について、「個人の資格」などと誤魔化す必要もなくなる。

実際、台湾側からはこうした法律を求める声も上がっている。

2022年8月、産経新聞の矢板明夫台北支局長（当時、現在は客員編集委員）は、台湾の立法院議員で組織する「亜東国会議員友好協会」の郭国文会長へのインタビュー記事で、次のような声を紹介している。

郭氏は日台関係について「長年の友好があり、近年は民間の交流だけでなく、政権を担う政党間の交流も活発化している」と評価する一方、台湾の李登輝元総統や日本の安倍晋三元首相のような日台関係を重視する個人の力によって「維持されている側面」があるとの見解を述べた。

そのため、日台関係については「その個人が存在している間は非常に安定するが、常に継続性に不確定要素がつきまとう」と指摘。死去した安倍氏については生前の台湾支持の姿勢に謝意を示す一方で、「安倍氏がいなくなり、今後の台日関係にいささか不安を感じる」とも述べた。

一方、郭氏は米国と台湾の関係が近年、比較的に安定している理由として、断交に伴って米議会が定めた「台湾関係法」や2018年成立の「台湾旅行法」などに支えられている点を挙げ、「これらの法律が交流の促進・深化の土台になっている」と説明した。

郭氏は特に、米台当局高官の相互訪問促進を目的とする台湾旅行法について、中国の圧力に対抗する法的根拠となり、「交流の最大の壁が取り除かれた」と主張。「日本版『台湾旅行法』が実現すれば、台日関係がより深く、安定したものになるだろう」と呼びかけた。

まさに我が意を得たり、である。

第3章で触れたように、「台湾旅行法」を成立させて以降、米国は主力戦車M１A２、最新型のF―16V戦闘機など高性能兵器の売却を決定し、次々と配備が進んでいる。台湾軍の派米訓練も行なわれている。

極東地域から遠く離れたアメリカがここまでコミットしているにも関わらず、日本が何もしなくてよいのか。そんなはずはない。

トランプ大統領は、ウクライナ戦争を早急に終わらせ、さらに中東地域の争いを止めて、対中に専念したい考えだろう。その中で、恐らく彼は、日本政府に対してなんらかの形で台湾支援に協力するよう求めてる可能性がある。もしそうなったら、日本政府はこれまでの媚中姿勢を貫き通して台湾との交流を拒み続けられるだろうか。それはできまい。

日本は同盟国アメリカを選択するのであって、敵国中国ではないのだ。その意味からも「台湾有事は日本有事」なのである。日本は選択を誤ってはならない。

もはや決断の秋来たり！　今こそ日本は覚悟を決め、〝日本版台湾旅行法〟を制定して一日も早く台湾との公式交流を始めるべきなのである。

そうりゅう型潜水艦（出典：ウィキペディア・コモンズ）

■日本の潜水艦技術を台湾へ

日本の防衛技術で台湾防衛に資するものはなにか。その一つが潜水艦だろう。

ディーゼルエンジンを搭載して蓄電池で水中航行する日本の通常型潜水艦の性能は世界一であり、「そうりゅう」型や最新鋭の「たいげい」型は、他に追従を許さない高性能艦として知られている。

現在、海上自衛隊は、こうした高性能の通常型潜水艦を、練習艦2隻などを含めて25隻保有しており、これは中国海軍にとって大きな脅威の一つとなっている。

日本の潜水艦は、水中での静粛性に優れ

ており、ソナーなどで探知されにくい。おまけに中国の対潜技術のレベルは低いとみられており、彼らにとって海自潜水艦はますます脅威となろう。

当然、台湾もこうした事情を熟知しており、したがって旧式潜水艦を更新する艦種選定では本来ならば「そうりゅう」型が最有力候補艦だったに違いない。だが日本の事情がそれを許さないことも十分に理解しているので、候補艦としても挙がらなかった。

もっとも頼りとしたアメリカは、保有するすべての潜水艦が原子力動力艦であるため、ディーゼルエンジンと電池の組み合わせの通常型潜水艦に関する技術的ノウハウが乏しい。これに関しては圧倒的に日本の技術が上回っている。このことも台湾は十分に承知していたはずだ。

最終的に台湾は、独自開発で「海鯤級」潜水艦の建造に成功したが、今後は、日本が主体的に、建造に関わる技術の提供を行なうべきではないだろうか。

日本が建造技術を提供するだけで、これからの台湾の国産潜水艦の能力は飛躍的に向上し、台湾の防衛に大きく寄与することになろう。同時にそれは日本の防衛に寄与することになるのだ。

台湾が日本の潜水艦あるいは潜水艦建造技術を採用すべき理由はほかにもある。

三菱重工業と川崎重工業が、これらの優秀な潜水艦を建造するとき、当然東シナ海を含む日本周辺の海の特性に合った緻密な設計を行っているはずだ。となれば日本と同じ海域を共有し、同じ黒潮に洗われる台湾にとっても、日本の潜水艦は最適艦ということになろう。

日本の潜水艦は、周辺海峡の海流、塩分濃度、水温、季節風など多くの海洋データを研究したうえで設計製造されているはずで、台湾海軍にとっては、他国の潜水艦よりも運用しやすく、カタログ性能を十分発揮できるだろう。

そうなれば、台湾海軍の潜水艦が中国の航空母艦を軍港にくぎ付けにして、彼らが第一列島線を超えることも阻止できよう。

これは日本の安全保障にとって大きなプラスであり、アメリカにとっても同様だ。つまり、台湾の守りは日本の守りなのである。

日本経済の生命線たるシーレーンは、台湾の周辺海域を通っており、台湾周辺海域の平和と安全は、それすなわち日本の平和と安全なのだ。こうしたことから、日本の防衛のために、台湾に日本の潜水艦を供与、あるいは技術移転を行うべきと考える。

もしや日本政府からトランプ大統領に、この奇策を耳打ちしたら、彼はどんな反応をす

第一列島線と第二列島線

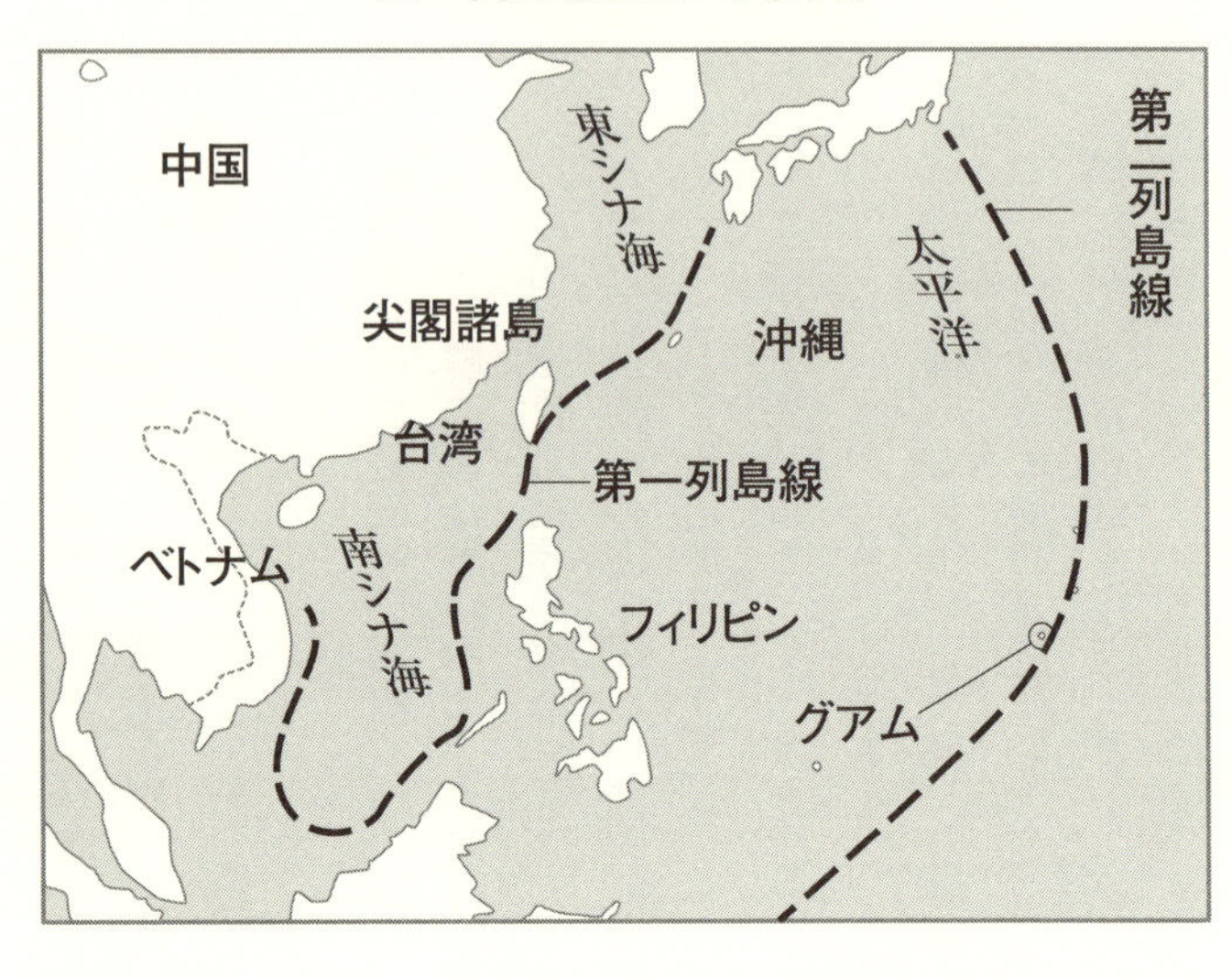

るだろうか。

恐らく、トランプ氏ら大統領は膝を打って賛同し、爾後の対日姿勢も好転するだろう。台湾が周辺海域の守りを固め、中国海軍を第一列島線の内側に閉じ込めることができれば、それすなわちアメリカの対中戦略そのものであり、かつ国益につながるからである。

日本が、アメリカと競合しない通常型潜水艦の建造技術を台湾に提供することで、アメリカを守ることになる——。このロジックを使わない手はない。

「アメリカは日本を守らねばなりませんが、日本もしっかりと台湾の潜水艦戦力を強化してアメリカを守ってますよ！」

きっとトランプ大統領は満面の笑みを浮かべて大きく首を縦に振るだろう。

だが、果たして今の日本政府にそんな〝ディール〟ができるだろうか。

■国連安全保障理事会はもはや全く機能していない

中国に、台湾に手を出させないようにするにはどうすればよいのか。

日米豪にインドを加えた戦略対話「QUAD」（クアッド）に台湾を参加できるようにする働きかけをすることも一考に値しよう。

そもそも、「日米豪印の精神」と題した日米豪印首脳共同声明では次のように謳っている。


我々は、自由で開かれ、包摂的で健全であり、民主的価値に支えられ、威圧によって制約されることのない地域のために尽力する…（中略）…我々は、インド太平洋及びそれを超える地域の双方において、安全と繁栄を促進し、脅威に対処するために、国際法に根差した、自由で開かれ、ルールに基づく秩序を推進することに共にコミットする。我々は、法の支配、航行及び上空飛行の自由、紛争の平和的解決、民主的価値、そして領土の一体性を支持する。我々は共に協力し、そして様々なパートナーと協力することにコミットする…（中略）…我々は、世界保健機関の、透明性があり、かつ、結果志向の改革を求める…（中略）…。我々は、特に国連海洋法条約（UNCLOS）に反映された海洋における国際法の役割を引き続き優先させ、東シナ海及び南シナ海におけるルールに基づく海洋秩序に対する挑戦に対応するべく、海洋安全保障を含む協力を促進する。（外務省仮訳）

もちろん、各国にはそれぞれの思惑があろう。ただ、この声明を素直に読めば、台湾を仲間として迎えられない理由はない。

台湾のクアッド参加は、中国に対するもっとも効果的な抑止力になるだろう。もちろんオブザーバーでもよい。国際社会が台湾を国家として認めようが認めまいが、台湾が安全保障の当事者であることにかわりはないのだ。

ウクライナとロシアを見ればおわかりのように、両国とも承認された国家であり、片方は、世界の安全保障を監視する国連常任理事国でありながら他国に戦争を仕掛けるのだから、世界から紛争などなくなるはずがない。

台湾有事もまたしかり。

国連常任理事国の中華人民共和国が、民主主義の政治体制を確立している台湾を、強大な軍事力をもって恫喝し、軍事侵攻をちらつかせている。こんな状態でも、相手が国連常任理事国ならば許されるのだろうか。本来はそんなことは許されるはずがなかろう。

この中台危機の現状を喩えれば、およそ、腕っぷしの強い悪ガキによる非力な優等生へのいじめを、他のクラスメートが悪ガキの報復を恐れて、見て見ぬふりをしているのと同じではないか。

もはや国際連合という組織が全く機能しておらず、紛争を解決する国連安全保障理事会は全く機能していない証左なのだ。ついでにこれも喩えれば、世界に〝学級崩壊〟が起きていると考えれば分かりやすいだろう。

となれば、国際社会における紛争は、自力あるいは国家連合によって抑止するしか解決の手段がないということになる。残念だがこれが現実なのである。

国際機関の国連安全保障理事会なんぞ、紛争の抑止も解決も、なにもできないただの集会所に過ぎないのである。

■「クアッド」(QUAD)に台湾を加えよ！

ならば台湾は、有志の国家連合に加わるべきだろう。

有志の国家連合であれば、加盟国が台湾の参加を認めればよいだけで、台湾の国家承認の有無など関係ない。

日本の立場で見れば、台湾を国家としてみなしていようがいまいが、日本の安全保障にとって重要な地域であることに変わりはない。

正式な外交関係があれば、台湾は安全保障上重要な地域となり、正式な外交関係がなければ、台湾が安全保障上重要な地域ではなくなるのだろうか。そんなバカな話がどこにあろう。

加えて、台湾の存立が日本の存立にかかわることも、国交の有無とは関係ない。

台湾が加わるべき安全保障枠組みの国家連合は、やはりクアッドということになろう。

よく見ると、台湾は、〝セキュリティー・ダイヤモンド〟ともいわれるクアッドのちょうど真ん中に位置しており、その重要性を物語っているようだ。

むろんクアッドには拘束力もなく、NATO（北大西洋条約機構）のような集団安全保障の理念に基づく武力行使は規定されていない。

だが、なにより前述の「日米豪印の精神」に基づいて台湾をクアッドに取り込むことは、中国の武力侵攻に対する4カ国の強いメッセージとなり、中国による台湾への武力侵攻に対する大きな抑止力となろう。

そしてこの動きを、同じく中国の軍事力に恫喝され続けているベトナムやフィリピンなどASEAN諸国が注視していることも忘れてはならない。

だが中国は、国際社会を牽制すべく「台湾は中国の一部」「台湾問題は中国の国内問題」「台湾問題への言及は内政干渉」だと発信し続けている。

では、あえてその中国の論理の土俵に上がって、反論しようではないか。

たとえ親子関係でも、家庭内暴力で子供を虐待していれば、行政が強制的に子供を保護するのは当然だろう。ましてや中国と台湾は、ここでいう〝親子〟ではなく、中国が一方的に親を名乗っているに過ぎないのだからたちが悪い。

とにかく、中国の軍事的恫喝に晒されている台湾を保護すること──これが台湾のクアッド参加の目的であり、台湾有事を防ぐ最善策であろう。

クアッドを提唱し、その実現にむけて心血を注いだ安倍晋三氏の胸中には、恐らくこんな思いがあったのではないだろうか。

第7章

今なぜ「日英同盟」なのか

■アジア・太平洋へ軸足を移す英国

これまで日米台の連携強化の具体策を考えてきたが、極東の安全保障体制と日本の防衛力強化のために、近年、古き良きパートナーが新たに加わった。

英国（United Kingdom）だ。

このことは拙著『日本が感謝された日英同盟』（産経新聞出版）で詳しく紹介したが、最新情報を加えてあらためて論じたい。

近年の英国は、明らかに太平洋シフトの姿勢を強めている。まるで〝脱欧入亜〟ともいえるこの英国の動きは、国民投票でEUからの離脱を決めた2016年6月以降に加速した。

同年10月、テリーザ・メイ首相（当時）は議会での演説で、「欧州大陸を越えて、より広い世界の経済的・外交的機会に目を向ける自信と自由をもつ国」として「グローバル・ブリテン」という概念を掲げた。ヨーロッパとの関係が相対的に薄くなっても、世界的な影響力を保持し続ける、より強めようという決意表明だった。

そして２０２０年２月の正式離脱後はアジア・太平洋への関与をさらに強めた。

その象徴といえるのが、２０２１年２月にＴＰＰ（環太平洋戦略的経済連携協定）への加盟を申請（２０２４年12月に正式加盟）したことだろう。欧州市場から成長するアジア・太平洋市場への転換は、まさに英国のシフトチェンジを何より雄弁に物語っていた。

だが、そもそもＴＰＰの構成11カ国のうち、半数以上が「英連邦」の国であり、さらにうち３カ国（オーストラリア・ニュージーランド・カナダ）は、英国の君主（現チャールズ３世）を自国の君主とする「英連邦王国」の主要国だったである。つまり英国にとっては、欧州よりも血縁のある親族は太平洋にあるのだから、英国がアジア・太平洋地域に関心を寄せ、この地域の市場と安全保障枠組みに身を寄せることは驚くようなことではないのだ。

英国がＴＰＰに加盟申請した２０２１年には、インド太平洋地域の外交・安全保障・防衛協力を深化させるため、アメリカとオーストラリアと共に３カ国間安全保障パートナーシップ「ＡＵＫＵＳ」（オーカス、豪英米の頭文字をつないだ名称）を立ち上げ、目下オーストラリアに対して原子力潜水艦保有のための支援を行なっている。

さらに英国は、日本とアメリカ、オーストラリア、インドによる戦略対話「クアッド（Ｑ

UAD）」にも参画する意思を示している。

こうしてその動きを追いかけてゆくと、英国が明らかにアジア・太平洋へ軸足を移していることがお分かりいただけよう。

となれば、英国が「台湾有事」にどのように関わってくるのか──これが今後の関心事の一つとなってくる。

■英国の日本へのラブコール

情報分析のエキスパートだった元駐タイ大使の岡崎久彦氏（平成26年逝去）は、名著『戦略的思考とは何か』（昭和58年出版）で、アングロサクソン（米英）との同盟の重要性を強調していた。岡崎氏はかねてから戦前の日英同盟の価値を訴えており、大局から日本外交の指針を示し続けていた。

この岡崎イズムを実践したのが、故・安倍晋三元総理だった。

安倍外交の特徴を一言でいえば、日本をアジアの一国ではなく、グローバルな海洋国家として定義したことだろう。「自由で開かれたインド太平洋戦略（FOIP）」はまさにその象徴といえよう。

その一方で、安倍外交はいわば〝日英同盟〟の再興を志向していたといってよかろう。もちろん英国もこれに呼応し、日本との関係強化に努めてきた。

英国の日本へのラブコールは、2020年秋ごろから加速するのだが、中でも注目すべきは、高度な機密情報を共有する英米加豪新5カ国で構成された「ファイブアイズ（Five Eyes）」への日本の加盟提案だろう。

そもそもこの組織は、英連邦のアングロサクソン諸国とアメリカの英語圏5カ国が、軍事・安全保障などに関する機密情報を共有しようとする枠組みなのだが、当時の英ジョンソン首相が議会（2020年9月16日）で日本の参加についてその意向を表明したのだった。本来ならば、こうしたことは同盟国アメリカからの呼びかけが筋だろうが、驚くべきことに英国からの打診だったのだ。

さらに2021年10月には、英カーター国防参謀長（当時）がAUKUSへの日本の参画の可能性を示唆している。

実のところこうした日英両国の関係は、2012年の安倍政権誕生から始まっていたのである。

2015年に日英外務・防衛閣僚会合「2プラス2」が始まり、2017年には日英間で「ACSA」(物品役務相互提供協定)が結ばれた。もっと言えば、その間の2016年10月には英空軍戦闘機が来日して日英共同訓練が実施されている。

そして現在、日英両国は、将来戦闘機や空対空ミサイルの共同開発を行うまでに進化しており、両国はいまや「準同盟」の関係にある。

さらに海上自衛隊は、英海軍との情報交換や部隊間協力等に関する調整を行なう連絡官を迎えている。

2015年の、最初の英海軍連絡官の任命式は、横須賀に記念艦として保存されている戦艦「三笠」の司令長官室で行われたのである。東郷平八郎提督が使った部屋だ。このことから日英両国がかつての日英同盟をたよりに両国関係を再構築しようとしていることがひしと伝わってくる。

さらに2017年8月31日、英テリーザ・メイ首相(当時)が来日した際、小野寺五典防衛大臣(当時)が、護衛艦「いずも」にメイ首相を案内し栄誉礼で迎えたのだった。

護衛艦「いずも」の艦名は、かつての第二特務艦隊の旗艦を務めた英国製の装甲巡洋艦「出雲」の二代目となる。まさに「出雲」は先の戦艦「三笠」と並ぶ「日英同盟の象徴艦」

なのである。
このとき「いずも」艦上で、小野寺防衛大臣は、「日露戦争はそのおかげで勝つことができた。第一次世界大戦では（地中海に派遣され）英国を助け、さまざまな船をエスコートした。ちょうど百年前だ」と語りかけた。メイ首相は「両国は長きにわたり協力してきた。私たちが防衛分野のパートナーシップを強めていることは、この訪問で示されていると応じた。（「産経ニュース」２０１７年8月31日）
日英両国は、かつての日英同盟と日露戦争、そして第一次世界大戦の連携と協力の記憶を頼りに再び関係を強化しようとしているのだ。
今後ますます厳しさを増す安全保障環境を考えるとき、いまこそかつての日英同盟を再検証し、これからの国際協調と同盟のあり方を模索すべきであろう。

■佐世保基地に英・豪軍を！

ところで前章で紹介した長崎県の佐世保基地には、巨大な艦艇用燃料貯蔵庫がある。もともと日本海軍が造った施設だが、現在も海上自衛隊と米海軍によって使用されているのだ。

さらに基地周辺には、大容量の弾薬貯蔵庫や艦艇修理ができる造船所もある。さずがは日本海軍が築いた大軍港だけに、艦艇運用に必要な施設は全て揃っているのだ。

そこで安倍氏が心血を注いで関係を築き上げ、いまや準同盟国となった英国とオーストラリアの海軍艦艇を佐世保に受け入れるというのはいかがだろうか。

これは、日本の安全保障に大きく寄与し、同時に中国に対する強いメッセージとなろう。さすがの厚顔無恥な中国も、この〝日米英豪メッセージ〟の意味を理解しないわけにはいかないだろう。

新たなパートナーとなった英国とオーストラリアにとっても、佐世保軍港は、前述のとおり後方支援機能・設備が行き届いているので安心して艦艇を停泊させておける。

そこでこんなシミュレーションをしてみた。

日米英豪の4カ国は、F―35ライトニングⅡ戦闘機を保有しており、共通部品を相互提供し、修理などの役務も提供し合える関係にある。ただし、空軍仕様のF―35Aを保有しているのは、日本・アメリカ・オーストラリアの3カ国のみで、艦載機に適した短距離離陸・垂直離陸（STOVL）能力を持つF―35Bについては、日本・アメリカ・英国の3

F-35ライトニングⅡ戦闘機（米国防総省提供）

カ国が運用している。ちなみにカタパルト付き空母艦載機のF—35Cを保有するのはアメリカのみである。

F—35戦闘機の修理等は、MRO&U（Maintenance Repair Overhaul & Upgrade＝整備・修理・オーバーホール・改修）機能を持つ三菱重工業が一手に引き受けるので安心だが、「運用」という点にも注目したい。

強襲揚陸艦「アメリカ」は、佐世保を母港としており、その艦載機となる米海兵隊所属のF—35Bは岩国基地（山口）をベースとしている。

航空自衛隊のF—35Bのベースは、新田原基地（宮崎）だ。母艦となる護衛艦「かが」は現在、呉（広島）を母港としており、

空母「クイーン・エリザベス」に着艦する英空軍のF-35B（出典：ウィキペディア・コモンズ）

横須賀を母港とする「いずも」も近く空母化改修を終えて母艦運用が行われよう。

このように日本とアメリカのF－35B関連の施設は比較的近い距離に所在しており、佐世保に英海軍の空母「クイーン・エリザベス」がやってきても、艦載機の英空軍F－35Bは、近傍の新田原基地や米軍岩国基地で翼を休めることができよう。

そこで日米英の〝F－35B母艦〟（ライトニング・キャリア）の相互運用を考えたい。

海上自衛隊の「いずも」「かが」、米強襲揚陸艦「アメリカ」、英空母「クイーン・エリザベス」を、日米英のF－35Bが相互運用できれば、共同作戦の効率は上がるだけでなく抑止力は格段に向上することになろう。

〝日米英ライトニング・キャリア相互運用構想〟は、軍拡著しい中国に対する最大の抑止力となろう。

■兵器の〝互換性〟を味方につける

さらに、英空母「クイーン・エリザベス」の搭載エンジンは、英ロールス・ロイス・ホールディングス社の「MT30」ガスタービンエンジンなのだが、実は、海上自衛隊の最新鋭護衛艦「もがみ型」はこの同じ「MT30」を搭載しており、したがって日本での修理やメンテナンスも期待できる。

もっといえば、現在、次期汎用フリゲートの艦種選定を行っているオーストラリア海軍が「もがみ型」を採用すれば、さらに整備性は高まり、共同作戦能力は一層高まることになろう。

事実、この選定について中谷元防衛大臣が記者会見で次のように語っている。

・我が国の国家防衛戦略において、日米防衛協力に次ぐ、緊密な関係を構築するというこ

護衛艦「かが」（出典：海上自衛隊ホームページ）

護衛艦「いずも」に着艦する米海兵隊のF35B戦闘機（出典：ウィキペディア・コモンズ）

FFM「もがみ」（出典：海上自衛隊ホームページ）

とにしておりますオーストラリアとの防衛協力の一層の強化に資するとともに、日豪の相互運用性及び相互互換性、これを大幅に向上させる。
・オーストラリア国内で次期汎用フリゲート艦を共同開発・生産することは、地域の艦艇建造・維持整備基盤、これの向上に資するとともに、我が国の艦艇の能力向上にも資する。
・令和6年度型の護衛艦（06FFM）は、米海軍との相互運用性が高くて、日米豪協力の強化に資する。
・日豪）両国が防衛装備協力を含む様々な分野で多層的に協力を推進していくということは、インド太平洋地域や国際社会の平和や安定に資するものに繋がる。

兵器の〝互換性〟を味方につけて日米英豪の結束を固めてゆくことは、軍事的にも経済的にも効率が良く、なにより中国に対する強烈なメッセージとなることはいうまでもなかろう。

かつて日露戦争の戦勝に日英同盟が不可欠だったように、「台湾有事＝日本有事」に対処する日米台トライアングルにとって、英国およびオーストラリアの存在が不可欠になりつつあるのだ。

かつて日英同盟は「ロシアの南下阻止」という戦略を共有し、そしていま「中国の海洋進出阻止」の戦略を共有して〝第二次日英同盟〟が再興しようとしている。

そこで〝第二次日英同盟〟の意義を考える上で、かつての日英同盟の歴史を振り返ってみたい。

■「栄光ある孤立」を破らせた東洋の島国

1902年の「日英同盟」締結は世界を驚かせた。

なぜなら、いかなる国とも同盟関係を築かず、栄光ある孤立を続けてきた超大国・大英帝国が初めて選んだ同盟国が、非キリスト教国で非白人国家、東洋の島国・大日本帝国だったからである。

決断の背景には、中国大陸に権益を持つ英国の「アジアでのロシア帝国の南進阻止」と「中国での権益拡大を狙ったドイツ、フランスへの対抗」という思惑があった。

英国はヨーロッパで、ドイツ・オーストリア＝ハンガリー・イタリアの独墺伊三国同盟と、ロシア・フランスの露仏同盟に対抗しており、アジアでは南下するロシアの脅威に対峙する必要があったのだ。そうした中で、安心して組むことができる相手として日本に白羽の矢が立ったのである。

そのきっかけは、清朝末期の動乱「義和団の乱」（1900年）における日本軍人の勇猛な戦いぶりとモラルの高さに、英国が魅了されたことである。

英国は当時、南アフリカのボーア戦争に兵力を投入しており、大陸近郊の日本に大軍派遣を要請した。そして最終的に日本は、2万人の兵力を投入し、北京の公使館員や居留民を保護したのである。

中でも、柴五郎陸軍中佐の存在は大きかった。

公使館区域で、日本と英国、米国、ロシア、ドイツなどの8カ国が籠城して義和団と対峙した。このとき総指揮は英国公使クロード・マクドナルドが執ったが、柴中佐は部隊を指揮して勇敢に戦い、その武勇と礼節が大絶賛されたのである。マクドナルド氏は、後に駐日英国公使・大使となり、日英同盟を推進したのだ。

日英の戦略的連携は単なる外交儀礼ではなく、安全保障上の必然だったのである。

もう一つ、英国が日本の海軍力に期待したことも忘れてはならない。

日清戦争（1894～1895年）前後の日本の海軍力は、戦後の下関講和条約後に干渉してきたロシアとフランス、ドイツよりもはるかに劣っていた。そのため、やむなく遼東半島を清国に返還せざるを得なかったのである。いわゆる「三国干渉」だ。臥薪嘗胆（がしんしょうたん）―。日本は、列強に伍してゆくために軍事力増強を図り、海軍力を拡充した。日本はすべての戦艦を英国に発注するなどし、最終的に日本海軍の主力艦の80％が英国製となった。一方、日本の海軍力に期待を寄せていた英国としても、日本の海軍力増強にあらゆる手を尽くして協力したのだった。その結果、日露戦争戦前の日本海軍は、約150隻もの艦艇を保有する大海軍に成長していたのである。

また英国は、日本の横須賀および呉海軍工廠の乾ドックなど、艦艇を整備できる施設や高い技術にも注目していた。さらに、日本には軍艦の燃料となる石炭を採掘できる炭鉱があったことも大きなメリットと考えたようだ。

こうしたことも、日英同盟締結の後押しとなった。

ロシアの南下阻止という国益の共有と、兵器・軍事面での連携は、現代に通じるものがある。

つまり、地域を不安定化させる中国の膨張阻止と、次期戦闘機の共同開発といった防衛分野での連携だ。このように日英同盟を再興させる条件は揃いつつある。

そしてまたトランプ政権下で、在日米軍が今後どのようになってゆくかが読めない場面も出てこよう。そうした不測の事態も考慮して、英国およびオーストラリアとの関係を一層強化しなければならないのではないだろうか。

第8章

中国に勝つ秘策
—いま何に備え
何をすべきか!

■日本は独自に備えよ

故・安倍晋三元総理が「台湾有事は日本有事」と警鐘を鳴らした。

この正鵠を射た言葉は、台湾有事を対岸の火事として傍観してきた日本人の安全保障感覚を一気に覚醒させたのである。

台湾が中国の武力攻撃を受ければ、当然のことながら台湾周辺海域を通る日本のシーレーンが危険にさらされ、日本経済は直ちに大打撃を受ける。これは可能性の問題ではなく確実にそうなるのだ。

それだけではない。与那国島や八重山諸島など台湾近傍の離島に暮らす日本国民の生命が危険にさらされることから、自衛隊機や艦艇が住民避難のために周辺空・海域を東奔西走することになるだろう。

そしてアメリカが参戦を決断すれば、米第7艦隊および米第5空軍は、横須賀・佐世保・嘉手納など日本国内に所在する米軍基地を拠点に戦うことになる。そうなれば自衛隊は米軍の後方支援を担い、米軍の航空機や艦艇の護衛も務めることになろう。

よって台湾有事とならば、同時に日本有事となるのだ。

これまで何度も繰り返してきたが、一衣帯水の日台両国は、いわば〝運命共同体〟なのである。

つまり、「今日のウクライナは明日の台湾」などと言われているが、同時に「今日のウクライナは明日の日本」なのだ。

トランプ政権誕生後、ウクライナ情勢は大きく動いた。

第1章でも触れたが、トランプ政権の最大の関心事と警戒対象は習近平・国家主席率いる中国だ。そのためアメリカは、対中シフトに全力を傾けるべくその他の懸案を次々と片付けているように見える。むろん最終的に事態がどう動くかは見通せない。なにしろ良くも悪くもトランプ氏は予測不可能な外交を展開するからだ。

だからこそ、日本は独自に万が一に備えなければならないのである。

こんなときに安倍さんがいてくれれば！　誰もがそう思っていることだろうが、それはもう永遠に叶わない。その後の菅義偉政権と岸田文雄政権では、基本的に安倍政権の路線を継承し、どうにか防衛力強化策を具体的に実行して「今日のウクライナは明日の日本」とならぬよう道筋をつけた。

では、石破茂政権はどうか。率直に言って、極めて不安だ。石破氏は自衛隊の最高指揮官として相応しいか。これまでの歩みを見れば疑わしいと言わざるを得ない。

しばしば指摘されるのは平成20年の房総半島沖で海上自衛隊のイージス艦「あたご」と漁船「清徳丸」が衝突した事故への対応のまずさだ。

当時防衛大臣だった石破氏は、福田康夫首相（当時）の意向もあったのか、原因が判然としない段階で、自衛隊側の責任を認めるように振る舞った。当時を知る関係者の間では「敵前逃亡した大臣」という評価が大勢を占めているというが、当然だろう。最高指揮官である総理大臣が部下を守らず、士気を落とせばどうなるか。それは誰でも分かることだろう。

さらに直近の言動からは、その現状認識や政策立案能力を疑わざるを得ない。

■致命的な「アジア版NATO」構想

決定的なのは、「アジア版ＮＡＴＯ」構想だ。総裁選でも言及し、さらには「日本の外交政策の将来」と題した文章を米ハドソン研究所に寄稿したが、その冒頭では次のような認識が示されていた。

今のウクライナは明日のアジア。ロシアを中国、ウクライナを台湾に置き換えれば、アジアにＮＡＴＯのような集団的自衛体制が存在しないため、相互防衛の義務がないため戦争が勃発しやすい状態にある。この状況で中国を西側同盟国が抑止するためにはアジア版ＮＡＴＯの創設が不可欠である。

「今のウクライナは明日のアジア」という問題意識をはじめ、一見、もっともらしく聞こえる。

だが本当にそうか。

そもそも、ＮＡＴＯは１９４９年、ソ連を仮想敵国とした欧米12カ国によって組織された軍事同盟だ。したがって、アジア版ＮＡＴＯを創設するのであれば、ソ連に相当する仮想敵国がいるはずだ。しかし、石破氏は総裁選の候補者討論会で「中国を最初から排除することを念頭に置いているわけではない」と述べている。

そんなものならば、民主党政権（鳩山由紀夫政権）での「東アジア共同体」と何も変わらないではないか。鳩山氏は当時、雑誌『Ｖｏｉｃｅ』への寄稿で「地域に安定した経済協力と恒久的な安全保障の枠組みを創出する」（２００９年９月号）などと意気込んでいたが、できるはずがなかった。

しかも「ＮＡＴＯ」とは集団安全保障体制の軍事同盟である。

つまり、日本への武力攻撃があった場合、すべての加盟国は日本を守るために戦わねばならず、逆に加盟国に対する武力攻撃があった場合、日本がその加害国に対して武力行使を行う義務が生じるのだ。

もしそうであるならば、先ずは憲法９条を改正して、「国権の発動たる戦争と、武力による威嚇又は武力の行使は、国際紛争を解決する手段としては、永久にこれを放棄する」と「国の交戦権は、これを認めない」を削除した上で、自衛隊法でも、武器使用の要件を他国の軍隊と同様にする必要がある。

石破氏はこの覚悟ができているのだろうか。

なにより肝心のアジア諸国も反応は冷ややかだった。

伝統的に「非同盟主義」を掲げるインドのジャイシャンカル外相は「われわれはそのよ

うな戦略的な枠組みは考えていない」と突き放す発言をワシントンでの講演で行っている。またＡＳＥＡＮ（東南アジア諸国連合）の大半も中国とのバランスを取る戦略であり、軍事ブロックには組み込まれたくない考えだ。したがってたとえＡＳＥＡＮ諸国が加盟しても、日中両国の顔色をうかがいながら、曖昧な対応に終始することになろう。もっといえば、こんな空疎な構想をトランプ大統領にぶつけてみたらどんな反応が返ってくるだろうか。

軍事的脅威を増大させる中国に対抗すべく親友のシンゾーと作り上げた「自由で開かれたインド太平洋（ＦＯＩＰ）」と「クアッド（ＱＵＡＤ）」を差し置いて、この非現実的な安全保障枠組みを口に出した瞬間に一蹴されることは火を見るより明らかだ。だがそれだけでは済まない。日米同盟に深刻な亀裂が生じる可能性もあろう。

いずれにせよこのアジア版ＮＡＴＯ構想は、安倍政権が掲げた「自由で開かれたインド太平洋戦略」や「クアッド」への対抗心がにじみ出ており、石破氏の屈折した思いを感じざるを得ない。

要するに、アジア版ＮＡＴＯという安全保障枠組みの本質は、結局のところ安倍路線の否定を目的とした政治主張だとしか思えないのである。

安倍氏と石破氏の確執については、今更説明する必要もなかろう。

第一次安倍政権時代の参院選敗北を受けて「続投するのは理屈が通らない」という発言や、第二次政権で平和安全保障法制の制定を巡って担当大臣就任を固辞したエピソードなど、枚挙に暇がない。その後は「党内野党」として、安倍政権に批判的な発言を繰り返した。

石破政権では、〝国賊発言〟で知られる村上誠一郎総務相を筆頭に、安倍氏と距離があった政治家を入閣させたが、こうした人事も石破氏に対する保守層の反感や疑念を増幅させている。

ただ、現実にはアジア版NATO構想は引っ込めざるを得ず、クアッドをはじめ、安倍氏が描いた外交戦略の上を歩まざるを得まい。「石破カラー」なるものをどれだけ志向しても、実現可能性の高いプランは、まったく見えてこないからだ。

■結局は〝安倍遺産〟頼み

トランプ政権との関係についても、安倍路線を継承しなければ何も進まないだろう。

2月7日（日本時間8日）、石破氏はトランプ氏と初めての首脳会談に臨んだ。報道されているトランプ発言は、たとえば次のようなものだ。

「シンゾーは私の親しい友人であり、彼が亡くなったことは私にとっても非常に悲しいことだった。安倍元首相は石破首相をとても尊敬していたと私は聞いている。私の親しい友人が尊敬していた石破首相とこの場を過ごすことは私にとっても大きな光栄だ」（毎日新聞2025年2月8日）

トランプ政権が、安倍氏と石破氏の確執を知らないはずがない。「安倍氏が尊敬していた」と強調することで、安倍外交のレールを踏み外すなという圧力、要するに「安倍路線を踏み外すなよ」というメッセージになっていると考えるのが自然だろう。つまり安倍氏のレガシーなしではトランプと交渉すらできなかったのが、石破氏の現実ではないだろうか。

関係者によると、今回の首脳会談は、綿密かつ徹底的な準備を重ねて臨んだという。日本側でその中心にいたのは、安倍外交を知る外務省や経済産業省、防衛省など霞が関側だった。シナリオはガチガチに固められていたようだ。たとえ会談を成功と評価するとしても、それは石破氏の功績ではなく、あくまで安倍氏の〝遺産〟によるものだったと考えるべきであろう。

石破氏は、安倍政権の遺産の上を歩みながら、それを否定しようとする中途半端な立ち位置から脱却しない限り、今後の日米関係は厳しいものになるだろう。

■C―17輸送機の導入は迷惑

ところで、首脳会談を巡っては、2月末になって「米軍運用の輸送機購入発言」がリークされた。報道では、具体的な機種名の言及は無かったというが、大型戦略輸送機C―17だ。

アメリカからの装備品調達拡大でトランプ氏の歓心を買おうとしたのだろう。関係者によると、この発言は、事前準備で固められた今回の首脳会談の中で唯一、例外的に「石破カラー」が入り込んだ事例だという。それが日本の防衛力向上に繋がれば結果オーライなのだが違う。

自衛隊の主力輸送機C―2と比べると、確かにC―17は積載能力では勝っている。C―

2の積載能力は約30トン、これに対してC—17の最大積載能力は約77トンでC—2の2倍以上なのだ。

だが日本国内では、C—17のような大きな軍用機を支障なく運用するには、滑走路の伸長と強度を高める工事も必要になってくるだろう。

それにこのような新機種の導入となると、整備体制の見直しも必要となってくる。

現在、航空自衛隊は、C—2輸送機の他にC—130H輸送機を保有している。さらにKC—767空中給油・輸送機とKC—46A空中給油・輸送機を保有している。KC—767とKC—46Aは、空中給油任務だけでなく、C—2に匹敵する積載能力を持つ「輸送機」としても運用されているのだ。実際、自衛隊の海外拠点となるジブチなどへ物資輸送も行っており、人員輸送パレットを載せれば約200人の人員を空輸できる能力がある。

つまり4機種の大型輸送機を運用する自衛隊に、さらにまたC—17が加わるとなると、整備体制の構築・整備要員の教育・補用部品の確保などを新たに整えなければならなくなるのだ。

たしかにC—17があれば、日本の輸送能力は高まる。だが航空自衛隊の現状を考えれば、この新機種を受け入れる容量と人員があるとは思えない。はっきり言って、C—17の導入など航空自衛隊にとって迷惑でしかないだろう。

しかももっと致命的なことは、石破氏が欲しているC―17の新規生産は2015年に終了しており、導入となると必然的に中古品の購入になる。もはや溜息しか出ない。

生産中止となった中古機の運用は、部品調達とメンテナンスにたいへんな労力と予算が必要となる。機体の生産中止に合わせて、生産を打ち切る部品やコンポーネントがあるからだ。価格の変動も激しい。そうなってくると、可動率が低下し、ついには部品等の共食いを余儀なくされてしまうのである。

中谷元防衛大臣の「本気で求める認識にある人はまずいないと思う」と導入に否定的な記者会見でのコメントが全てを物語っていよう。

もし本当にC―17輸送機がそれほど欲しいなら、どうかプラモデルで我慢してもらいたい。

■中国に甘すぎないか?

国の安全保障を考えるとき、石破政権の対中姿勢には不安がつきまとう。

昨年末の中国人観光客に対する新たな短期滞在査証（ビザ）の緩和措置などはその一つ

だ。

どうやらこれは、2024年11月、訪中時の短期滞在ビザ免除を認めた措置に対する答礼的な要素があったとされる。また、日本側のビザ緩和で特に批判を集めている「数次ビザ（有効期間10年）」にしても、所得要件などは逆に厳格化させていているという。

だがそんなことは、国民の不安を払拭する説明にはまったくならない。

そもそも中国犯罪組織などは、法やルールの抜け道を探し出すプロであり、そんな所要条件などいとも簡単にクリアして入国してくるだろう。北京政府の指令を受けて日本に入国してくるスパイに至っては朝飯前だ。

そもそも岩屋毅外相が訪中して、こうした緩和措置を表明したことが国民の不信感を招いていることがわからないのだろうか。ここ最近でも中国が、日本や日本人に対して、どのように振る舞ってきたか。

中国政府は、民間企業の駐在員や日中交流に尽くしてきた日本人までをスパイ容疑で不当に拘束し、また福島第一原発から発生した「処理水」の問題でも、非科学的な批判を繰り返してきた。現地の日本人学校に通う児童が刺殺される不幸な事件でも、動機の究明などで誠実な対応を行っていない。

こうした状況なのだから、日本国民の対中感情が良いわけがなく、〝日中友好〟なども はや死語となっている。にもかかわらず、なぜ石破政権は、こうした国民感情に配慮せず、こんな愚策を推し進めるのかまったく理解できない。

そもそも、「日中友好」なるものは存在し得るのか。

これまで中国政府は、日本から多額のODA（政府開発援助）を受けても自国民には知らせず、その一方で、「南京事件」をはじめ、歴史問題を捏造しては反日感情を煽り続けてきた。

中国政府は、自国民の政府への不満を逸らすために〝悪玉日本〟を造り上げてガス抜きをしてきたのである。中国の国民はそれが政治工作とは知らず、北京政府のプロパガンダを鵜呑みにして日本を憎み敵愾心を持つようになり、そしていまや制御不能になってしまったのだ。

もはや日本は、中国にとっての〝キャッシュ・ディスペンサー（現金自動支払機）〟であっても友好国などではない。中国政府への国民の不満を向けさせる〝サンドバック〟でしかないのだ。

日中両国間には「日中平和友好条約」なるものが存在するが、「友好」の姿勢は、日本が一方的に守っているだけで、中国はこのかた一度も友好的ではなかったではないか。

このことから日中平和友好条約は、これまた〃片務条約〃と言ってよかろう。日本人はこの日中平和友好条約なるものを頼りにするが、中国にとっては、どんな酷いことをしても許してもらえる〃免罪符〃であり、つまり中国にとっての都合の良い〃抑止力〃となっているのだ。

日中平和友好条約とは、いざとなったら簡単に破り捨てられる、かつての「日ソ中立条約」の焼き直しと考えておいた方がよい。

■「三戦」への備えを

このように中国は、日中平和友好条約を防護楯として日本に対してサイレント・インベージョン（静かなる侵略）を仕掛けているのだ。

近年、陸海空軍戦力をはじめ、サイバー戦力や宇宙戦力にいたるまで中国軍の増強は著しい。だがその裏で、中国は〃見えない戦力〃の拡充に努めていることも知っておく必要があろう。

「三戦」だ。

三戦とは、「輿論戦」「心理戦」「法律戦」といった非物理的手段を指している。『防衛白書』によれば「輿論戦」は、「中国の軍事行動に対する大衆および国際社会の支持を築くとともに、敵が中国の利益に反するとみられる政策を追求することのないよう、国内および国際世論に影響を及ぼすことが目的」とある。

中国で度々発生する〝反日デモ〟やいわゆる〝南京大虐殺〟なるフィクションは、中国国内の政府に対する不満のガス抜きであると同時に、中国の軍備増強を正当化する輿論操作なのだ。

そして同じく「心理戦」は、「敵の軍人およびそれを支援する文民に対する抑止・衝撃・士気低下を目的とする心理作戦を通じて、敵が戦闘作戦を遂行する能力を低下させようとするもの」と指摘されている。

その一例として、かつて韓国のスポーツ大会で猛威を振るった〝北朝鮮美女軍団〟を思い出せばわかりやすいだろう。

大会会場には、肝心のスポーツ観戦そっちのけで、この美女応援団を一目見ようと詰めかけた韓国人男性がいたほどだ。驚くほど美しい女性の集団を目の当たりにした韓国人男性が「北へ行ってみたい」「北朝鮮と仲良くすべき」といった親北感情を抱いてしまう…これが北朝鮮の狙いだった。つまり、北朝鮮の美女軍団は、北朝鮮の対韓心理工作だったのである。

そして中国の場合は〝パンダ〟だ。

中国が〝日中友好〟のシンボルとなっている「パンダ」も、日本で高まる対中感情を麻痺させる対日戦術の一つなのである。愛らしく、おとなしい「パンダ」は平和的なイメージがある。こうしたパンダのイメージが、そのまま中国のイメージとして日本国民に広がってゆく仕掛けなのだ。

これは、先の北朝鮮美女軍団と同様に、「中国は平和的な国」「中国は獰猛ではない」という印象を与え、中国の軍拡や、尖閣諸島周辺海域への領海侵入の目くらましとなる。つまりパンダは、日本国民の対中感情を麻痺させてしまう心理戦の一つと考えるべきなのである。

だが、そもそもパンダは中国の動物ではなく、彼らが支配している占領地域チベットの動物であり、むしろ〝パンダは中国の侵略・軍国主義の象徴〟とみるべきだろう。

そして「法律戦」について『防衛白書』は、「国際法および国内法を利用して、国際的な支持を獲得するとともに、中国の軍事行動に対する予想される反発に対処するものとされている」とある。

その例が、2005年に施行された「反分裂国家法」だ。

この法律は、台湾が独立を宣言した場合、武力攻撃をもってこれを阻止するという無茶苦茶な国内法であり、対台湾武力攻撃を正当化することを目的としている。だが現実には台湾およびその後ろ盾となっているアメリカに対する外交圧力の意味合いが強い。

いずれ中国は、この国内法を尖閣諸島にも適用範囲を拡大してくるだろう。

■細心の注意が必要な〝ハニートラップ〟

さらに細心の注意が必要なのは〝ハニートラップ〟（色仕掛け戦術）だ。

〝男は女に弱い〟――この如何ともし難い男の弱点を衝いた諜報戦の手段のひとつである。

もちろん自衛隊も他人事ではない。

かつて防衛省内部でも、背景に外国人女性がちらつく情報漏洩事件などが発生しており、防衛省は、指導を徹底するなど様々な対策を講じたことがある。

また内閣情報調査室は、ハニートラップを含む情報漏洩防止のマニュアルを作成して、外国の諜報活動への対処について順次各省庁幹部への説明会を開いたこともある。

だが、その程度の対策ではハニートラップや情報漏洩が完全に防げるとは思えない。というのも、巷では、少なからぬ日本の政治家が、このハニートラップに引っかかって骨抜きにされたという噂が絶えないからだ。

かつて中国が仕組んだハニートラップに引っ掛かり、タカ派から見事に〝媚中政治家〟に転じた総理大臣経験者もいるという噂は広く知られた話である。

いずれにせよ、防衛機密や外交政策の秘密などが漏洩することは大問題だが、ハニートラップに引っ掛かった政治家や官僚が、防衛政策や外交方針を、中国に有利なように導くことがあれば、これはさらに深刻な問題だ。そんなことでは、いかに自衛隊が精強でも、国の防衛は無力に等しくなる。

つまりハニートラップは、銃弾を一発も使うことなく、また一人も殺傷することなく、敵国を無力化し、あるいは戦争を勝利に導くことができる〝ミラクル戦術〟なのである。

ゆえに中国は、あの手この手を使ってハニートラップを仕掛けてくるのだ。

孫子の兵法〝戦わずして勝つ〟――。中国はいま現在も、こうしたソフトパワーで日本に対する攻撃を仕掛けていることをしっかりと認識しておきたい。

だが中国のサイレント・インベージョンになぜか気づかないのが政治家ではないだろうか。

国民感情とは大きくかけ離れた政治家の得体の知れない親中感情は、いったいなんなのか。昨今の日本を取り巻く安全保障環境を考えれば〝親中派議員〟などあろうはずがない。にもかかわらず親中派議員が多いことが不思議でならない。

ひょっとすると日本の安全保障にとって最大の脅威は、こうした親中派議員なのかもしれない。

■〝核抑止力〟を保有せよ！

世界で唯一核兵器の被害を受けた我が国は、現在も中国や北朝鮮、そしてロシアの核兵器の脅威に晒され、一方で、アメリカの〝核の傘〟に守られている。ということは、むしろ誰よりも核武装や核戦争への備えを議論しなければならないのではないだろうか。

ところが〝核武装〟などと口にしようものなら、たちまち大騒ぎになって袋叩きにあう。

日本では、「核戦争などという物騒な事を考えると、本当に核戦争になる」といわんばかりの神がかり的平和論がまかり通っているのだ。

そもそも戦後一貫してアメリカの核戦力の庇護の下にありながら、なぜ日本の政治家達は、核抑止力や核兵器に関する議論を避けるのだろうか、まったく理解できない。

たしかに日本列島は、周囲の大陸国家に比べて国土が狭く、よって核兵器を配備あるいは保管しておく場所を選定するのは並大抵なことではない。また予想される地元の反対運動などを考えると、とても地上の配備は難しいだろう。

同じ島国の英国などは、核弾道ミサイル「トライデントⅡ」をすべて「ヴァンガード級」原子力潜水艦4隻に搭載しており、日本が核兵器を保有するとすれば、この英国方式となろう。ただし日本の場合、それでも潜水艦を係留する港湾の問題などで大騒動となるに違いない。

したがってもっとも実現性の高い核武装は、ドイツやイタリアなど核兵器非保有国が選択する「ニュークリア・シェアリング」だ。

この方法は、自国で核兵器を保有せず、いざとなればアメリカが保有する核兵器を使用できるというもので、「日本もニュークリア・シェアリングに参加する！」と宣言するだけで、日本の抑止力は格段に向上する。

だが、実際に核兵器を保有せずに〝核抑止力〟を手に入れる方法もある。

それは、核兵器開発やその保有に関して「ノーコメント」を通すイスラエルの戦術だ。

これは核兵器保有国とみられるイスラエルは、核兵器の保有について一切コメントしない。日本もこれに倣うべきではないだろうか。

具体的には、政府が「周辺諸国の核兵器の脅威から国民の生命・財産を守るために『非核三原則』を撤廃することを決定した」とだけ発表し、あとは「ノーコメント」を通せばよいのだ。黙っているだけで中国や北朝鮮の核攻撃に対する〝抑止力〟を持てるのだから、これほど効果的な防衛政策は他になかろう。

むろん、こんな覚悟と度胸が石破総理にあるとは思えないが、本来はこれで日本を核攻撃から守れるのだから一考に値しよう。

皮肉を込めて言えば、この最大の核抑止効果を生む〝核黙秘戦術〟なら〝防衛増税〟など持ち出す必要もなかろう。必要なのは決意と覚悟だけなのだ。

各国は、高度な技術力を持つ日本ならば、その気になればいつでも核兵器を製造できると考えている。それならば、この相手の〝憶測〟を利用しない手はない。

相手が、日本の〝見えない核兵器〟を警戒し、日本への核攻撃や侵略のもくろみを断念してくれればそれでよいのだ。

とにかく核保有のオプションを外交カードとして使うしたたかさがなければ権謀術数に長けた核大国・中国はもとより、今や核保有国になった北朝鮮の軍事的恫喝に抗っていけないのである。

もとより〝核議論〟の目的は、日本が核兵器を保有することだけではない。日本にふりかかっている核の脅威を取り除き、中国や北朝鮮の核攻撃から日本国民の生命を守る〝核抑止力〟をもつことなのだ。

日本政府は、いかなる手段を講じてでも3度目の核攻撃を阻止なければならない。そのために相手が怯むほどの核抑止力を持たねばならないのである。

またこのことは台湾有事に対する有効な抑止力ともなろう。

■靖國神社参拝こそ対中抑止力なり！

台湾有事に備え、日本政府は、歴史認識を安全保障の最重要課題として位置付け、捏造された日本の近現代史を矯正する必要がある。なぜなら中国は間違いなく、日本の軍事行動を牽制するために歴史問題を持ち出してくるからだ。

いずれにせよ歴史認識を正さなければ防衛力を飛躍的に向上させることは難しい。なかでも、いわゆる〝靖國問題〟を解決しなければ日本の安全保障は磐石なものにはなるまい。

そもそも〝靖國問題〟の本質は、中国韓国の声を借りた日本のマスコミのイデオロギー闘争なのだが、中国にとっては、将来の日本の軍事行動を牽制する〝安全保障装置〟であり、また日本政府の中国への精神的距離を計測するバロメーターとなっているのだ。

つまり中国の抗議を受けることを恐れて靖國神社に参拝しない国会議員は中国に近い距離にあり、逆に堂々と参拝する国会議員は中国に敵対していると判断するいわば〝リトマス試験紙〟なのである。

同時に中国は、靖國問題を愛国心高揚の材料として利用し、あるいは国民の政府への不満を逸らすために政治利用していることも知っておいていただきたい。

そして最も大事なことは、中国が靖國問題を利用して日米同盟を牽制しているという安全保障の視点である。

かつて中国が、中曽根康弘総理（当時）の靖國神社参拝に抗議してきた１９８５年の時代背景は、中曽根・レーガンによって日米両国が強く結束していた蜜月期であった。するとこの年の7月には当時の中国国家主席・李先念が米国を公式訪問し、しかも終戦記念日の8月15日には、中国で南京虐殺記念館が開館されていたのである。

さらに1997年、「日米防衛協力のための指針（ガイドライン）」の見直し作業の最終報告が発表された翌月の10月には、江沢民主席（当時）が、中国の主席としては12年ぶりに訪米。またこの年、中国系アメリカ人・アイリスチャンが、『ザ・レイプ・オブ・南京』を出版して大きな波紋を呼んだ。このように、かつては日米同盟の強化が図られると、きまって中国の主席が渡米し、南京問題が息をふき返していたのだ。

なるほどその後、日米同盟が堅固になった小泉政権および第一次・第二次安倍政権時には、きまって中国は、靖國問題や歴史問題を持ち出している。つまり、首相の靖國神社参拝に対する中国の反発や内政干渉は、将来の日本の軍事行動への牽制だったのである。

ブッシュ政権時の国家安全保障会議の元アジア上級部長・マイケル・グリーン氏は、「中国政府は過去には首相の参拝を無視した場合も多く、日本側で防衛を強化しようとする中曽根氏や小泉氏が首相の時に激しく問題にしてくるパターンがあり、屈折した政治利用だといえる」（『産経新聞』2006年6月8日）と述べている。

また米ヘリテージ財団のジョン・タシック研究員も、「米国と、アジアでの日本のような同盟国とを離反させることは中国の年来の政策だが、日本に対してはいまや靖國問題を操作し、利用して日米同盟にクサビを打ち込もうと画策している」と分析している。実に正鵠を射た指摘である。

もちろん英霊の顕彰は主たる目的だが、中国の対日歴史カードを無力化させるためにも、首相は靖國神社を参拝する必要があろう。そうすることで、中国の日本に対する不当な圧力や牽制を排除することができるからだ。

〝日本のマーガレット・サッチャー〟に期待する

政府閣僚および国会議員は、中国の邪な恫喝に狼狽えず、問題の本質をしっかりと見抜く目を持ってもらいたい。なぜならそれは国民の命がかかった安全保障の問題だからである。

となれば、この中国の歴史問題カードを無力化できる国会議員は、２０２５年に自民党総裁候補の一人だった高市早苗氏しかいない。

自民党総裁選で、私が耳にした、高市氏の総理選出を阻止しようとした理由の多くが、およそ「高市政権になれば、高市氏が総理として靖國神社に参拝する。そうなれば中国との関係が悪化するので、中国とパイプがある経済団体や公明党が嫌がる。となると選挙に勝てない」というようなものだった。

裏を返せば、つまりそれは、高市早苗氏が最も自民党総裁および内閣総理大臣に相応しい候補者だということを意味していたのである。

だが自民党議員が全国党員の思いを踏みにじって石破氏を当選させた。そしてその結果、衆議院議員選挙で大負けしたではないか。そしてあの総裁選挙に怒りを覚えた岩盤保守層は、自民党から離れたわけである。保守層の心を掴んでいるのは高市早苗氏だったのだ。

そんな石破政権誕生の2か月後にアメリカにトランプ大統領が誕生した。日米首脳会談におけるトランプ大統領の石破氏への対応を見たとき、目を覆いたくなる思いだったのは、決して私だけではないだろう。

その後も、一年生議員への10万円商品券配布問題など何一つ良い話がない。

〝たのしい日本〟のキャッチがあまりにも空疎で憐憫の情さえ覚える。

いま安倍総理がこの世にあらば…今そんな思いが胸に去来する。だがそれは叶わぬ夢だ。

もはや安倍総理の路線を継承して日本を取り戻せるのは高市早苗氏しかいないだろう。

もし2024年9月の総裁選で高市早苗氏が勝っていたら、積極財政に転じて国民の不満は軽減されたであろうし、なによりトランプ大統領としっかり対話し、〝ディール〟もできたに違いない。腹の座り方が違うからだ。また安倍総理は、トランプ大統領に自分の後継者は高市早苗氏であると伝えていたであろうことも想像に難くない。

彼女なら、堂々と靖國神社に参拝して〝中国の軛〟を取り去ってくれよう。〝靖國問題〟という中国の狡猾な対日工作を打ち破れるのは彼女しかいないのだ。

こうしたことから〝日本のマーガレット・サッチャー〟高市早苗氏に期待したい。

[著者プロフィール]

井上和彦（いのうえ・かずひこ）
軍事ジャーナリスト。昭和38年（1963）滋賀県生まれ。法政大学社会学部卒。防衛・航空宇宙専門商社に入社し世界各国を飛び回り、培った知見と専門知識を活かして軍事ジャーナリストへ。軍事・安全保障・外交・近現代史を専門として書籍・新聞・雑誌の執筆の他、各種テレビ・ニュース番組のコメンテーターを務める。"軍事漫談家"の異名を持つ。産経新聞「正論」欄執筆メンバー。(公財)国家基本問題研究所企画委員、(公財)モラロジー道徳教育財団特任教授、(公社)全日本銃剣道連盟有識者会議委員などを務める。これまでに東北大学大学院非常勤講師（H20-H30）を歴任。サンミュージックプロダクション所属。フジサンケイグループ第17回「正論新風賞」受賞（2016）。第6回アパ日本再興大賞受賞(2023)。
主な著書：『今こそ「日台同盟」宣言』（金美齢氏との共著、ビジネス社)、『歪められた真実 昭和の大戦（大東亜戦争)』（ワック)、『日本が感謝された日英同盟』『日本が戦ってくれて感謝しています①②』（以上、産経新聞出版)、『親日を巡る旅』『撃墜王は生きている』（以上、小学館）など多数。
※YOUTUBE「井上和彦のミリオタチャンネル」主催
https://www.youtube.com/@gunjimandanka

日本は中国に勝てるか!?

2025年5月11日　　第1刷発行

著　者　井上和彦
発行者　唐津隆
発行所　株式会社ビジネス社
〒162-0805 東京都新宿区矢来町114番地
神楽坂高橋ビル5階
電話 03(5227)1602　FAX 03(5227)1603
https://www.business-sha.co.jp

カバー印刷・本文印刷・製本/半七写真印刷工業株式会社
〈装幀〉大谷昌稔
〈本文デザイン・DTP〉株式会社三協美術
〈営業担当〉山口健志　〈編集〉中澤直樹

ISBN978-4-8284-2720-1

今こそ、日台「同盟」宣言！

頼清徳総統で東アジアが変貌する

金美齢／井上和彦……著

〝日台〟の要人の側で、歴史を動かしてきた金美齢氏。師匠と弟子が、ホンネで未来への希望を語り合う。台湾への目覚めが、日本復活の鍵。

本書の内容

新総統就任式で感じたこと／安倍元首相の葬儀に参列した頼清徳／頼清徳総統誕生の裏話／敵だったはずの国民党・李登輝に投票した理由／国策顧問就任の裏事情／安倍晋三と李登輝の出会い／心の交流がつながる日本と台湾／米台関係を支える「台湾関係法」と「台湾旅行法」／台湾のクワッド・TPPへの参加を！／日本と台湾は運命共同体

定価　1760円（税込）

ISBN978-4-8284-2614-3

江崎道朗
Esaki Michio
日本がダメだと思っている人へ
田北真樹子
Takita Makiko
これが防衛力抜本強化の実態だ
車両、情報機器、被服、燃料……
多様な防衛産業への発注拡大
全国の基地の施設整備拡充に4兆円……
地方経済の大振興策
日本経済を国家安保戦略で活性化させる。
アメリカの国力衰退を直視。
脅威に対峙する「戦える自衛隊」へ変貌!
ビジネス社